U0903026

杨永清／著

电台十年

杨永清的追梦人生

華中科技大學出版社
http://www.hustp.com
中国·武汉

图书在版编目 (CIP) 数据

电台十年：杨永清的追梦人生 / 杨永清著 .—武汉：华中科技大学出版社，2019.8
ISBN 978-7-5680-5364-8

Ⅰ. ①电… Ⅱ. ①杨… Ⅲ. ①杨永清 – 自传 Ⅳ. ① K825.42

中国版本图书馆 CIP 数据核字 (2019) 第 127430 号

电台十年：杨永清的追梦人生 杨永清 著

Diantai Shinian: Yangyongqing de Zhuimeng Rensheng

策划编辑：饶 静
责任编辑：饶 静
封面设计：颜小曼
责任校对：阮 敏
责任监印：朱 玢
出版发行：华中科技大学出版社（中国·武汉） 电话：(027)81321913
武汉市东湖新技术开发区华工科技园 邮编：430223
录 排：华中科技大学惠友文印中心
印 刷：湖北新华印务有限公司
开 本：880mm × 1230mm 1/32
印 张：7
字 数：149 千字
版 次：2019 年 8 月第 1 版第 1 次印刷
定 价：42.00 元

○ 2004 年，我第一次参加 DJ 选拔赛。

○初生牛犊不怕虎，第一次比赛我就拿到了亚军。

○爸爸大病初愈，我们庆祝他入台 46 周年。

○爸爸和程前同台主持现场照。

○“十大声音榜样”颁奖现场，我人生中第一个重要奖项。

○我和爸爸同台演出（爸爸拔掉针头陪我上台）。

○ 2013 年，《婚礼进行曲》节目开播仪式现场照。

○ 节目中“受惩罚”——我亲自为听众换轮胎。

○粉丝们为我庆生。

○我与粉丝，感谢有你们。

○陈耀川音乐会，当年《我型我秀》选手齐聚，包括薛之谦、俞思远、罗开元、唐汉霄、高娅媛等，我是主持人。

○第一次出演话剧《非诚勿扰》，场场爆满。

○我成为上海市青年联合会第十二届委员会委员。

○十年蜕变，从“明日之星”选手到“明日之星”主持人。

○《最爱金曲榜》工作照。

SHANGHAI MEDIA GROUP
Love
SHANGHAI RADIO FESTIVAL

○在松江人民广播电台，我第一次组织听友聚会，现场人数之多，始料未及。

○我采访李冰冰。

○我和“卡带女王”张蔷。

○我和“甜歌歌后”李玲玉。

○我和“功夫巨星”成龙。

○我采访李连杰。

○我和前 NBA 球星孙悦夫妇、知名主播晓君同台。

○我主持谭咏麟、钟镇涛所在的“温拿五虎”唱谈会。

○我和翁虹。

○我和香港艺人吕方。

○我和谢霆锋。

我与《成长的烦恼》里本的扮演者合影。

我与著名音乐人袁惟仁。

○我与作词界泰斗、《月亮代表我的心》的词作者孙仪。

○我在主持玫瑰婚典集体婚礼。

○我主持慈善活动（活动发起人是胡润先生以及慈善家顾佳斌）。

○我在主持“神广杯”，图右为东方广播中心主任翁伟民。

○我主持“动力火车”见面会。

○我和主持人张民权在主持大型活动。

○客串电视节目，我和知名主持人黄子佼合影。

○我和“力量之声”组合一起做公益。

○我客串过的网剧。

○我目前所带领的“早安家族”。

○我和先生。

○我和家人在墨尔本旅游。

○公公是摄影大师，这是他在墨尔本夕阳下的作品。

○全家广州之行。

○和女儿，在海边。

○我在意大利

○母女一起参加公益跑。

序

这个城市，有我们的家以及清清杨永清

在早晨相遇的声音都有亲人般的气息。

此刻，收音机里 FM103.7 Love Radio 的头牌节目《早安新发现》正播放着好听的声音，可以陪伴你一路。不知不觉，该节目的主播“清清杨永清”已经在上海广播界走过了十二个年头。待在只有几平方米的直播间里，主持人究竟能不能与我们一样，感受到城市的温度呢？或者说，一位优秀的主持人，究竟怎样做才能自带气场、让听众的心里产生依赖感和信任感呢？

有缘即住无缘去，一任清风送白云。

二十八年前，当时的电台还在外滩北京东路二号，在三楼音乐部的办公室里，大家都很喜欢这位甜美靓丽的幼儿园小女孩“咪咪头”。当她的父亲杨新宁把女儿丢在办公室里，自己去一楼录音棚配音时，“咪咪头”很享受被叔叔阿姨们围着提问诸如“侬喜欢爸爸还是妈妈”之类的问题，随后得到糖果和小礼品的馈赠。

她的父亲是上海电台的王牌主持辛宁（杨新宁），他与张培、肖亚搭档主持的《星期广播音乐会》等节目，是 20 世纪八九十年代启蒙上海爱乐人灵魂的序曲。当“咪咪头”进入小学，她心目中最闪亮的广播明星就是当初东广儿童台的晓露姐姐、张培阿姨和方舟阿姨，她习惯了每天在家一边做功课一边收听她们的节目，而往往当一个小时的节目结束时，她也同步完成了作业。

在此过程中，她养成了对时间的节奏把控。二十多年后回忆起来，她感叹这似乎就是一种对时间的天然敏感度，好比教师对一节课程的节奏掌控。又过了两年，“咪咪头”找到机会进入了听众定位是中学生的广播节目《青春太阳》担任学生主持人。当她从收音机里听到了自己的声音“杨永清”时，一股热流似乎从脚底窜到头顶。她想：“我未来一定要成为一名广播主持人！”

大学毕业后，经过努力，她参加并获得“明日之星”上海广播主持人选拔赛大奖，再经过笔试、口试，终于收到 SMG 人事部颁发的工作证。那一刻，在电台门口，她长长地吐出一口气，梦想终于实现了。

2006 年，杨永清加盟上海电台 FM103.7。这个调频也是全国最早的立体声调频广播，在 20 世纪 90 年代一度与新成立的东方电台 FM101.7 形成竞争态势，而 2014 年之后则归并于新成立的东方广播有限公司。如今，在上海广播体系内有四个各自定位不同的音乐调频：FM101.7 动感 101、FM103.7 Love Radio、FM94.7 经典调频以及 FM98.1 欧美音乐调频。FM103.7 的标签是“听见你的最爱”，倡导听优质音乐和享受慢生活。该频率过往的品牌节目《星期广播音乐会》《立体声之友》《音乐万花筒》《世界音乐星空》《怀旧金曲》等，影响了几代上海人的音乐审美和生活情趣。

《早安新发现》的主播杨永清分别经历了张明、杨舟、萌萌和如今的卢卡斯几任搭档，经过十多年来的深耕细作，该节目已成为当今音乐广播的头部阵营，牢牢抓住了早间节目板块的白领收听群。“清清杨永清”成为这个节目的灵魂，同时她也建立起热闹的“早安家族”粉丝群。

杨永清的音色属于中音区，柔美悦耳、音质纯净，很有余味。她思维敏捷，说话自带亲和气息。由声音的魅力带来的听觉审美是广播主持人最重要的属性，在 80 后集群的新生代广播主持人中，杨永清是令人赏心悦目的代表。我们甚至可以将她的音色形容为“广播界的邓丽君”。而更难能可贵的是，在节目中，除了注入明快的情趣之外，她还注入了价值观和担当。

其中还有一点很鲜明，那就是“上海气质”。

《早安新发现》刻画出的“上海气质”包含两个层面：第一层面是适当的上海话表述，譬如来源于真实生活的故事和段子，以及邀请明星来读上海话等，而杨永清和卢卡斯等主持人就是在上海出生长大的，所以他们的表述完全展示出了鲜活的上海味道，用词造句地道，很有“嚼劲”；第二个层面是与这个城市生存空间的融合，除了即时播报城市生活资讯外，与听友的“Call in 提问”和“K 歌互动”等环节，时刻展露出上海人或新上海人的生活气息。可以说，如果不是这样的国际性大都市，在节目里表现出的细节完全是不同的，这种细微之处往往只可意会不可言传，能做到这一点，主持人已经非常高级了。

《早安新发现》的节目内容都是根基于可听性和现代背景的，所以你完全不觉得这是一种主持人主观意识的干预，而是一种润物细无声的舒适感，是上海人生活中的精彩桥段，整个节目让你脑海中浮现出的画面，就是你看到某个穿着连衣裙的女子行走在淮海中路的那种状态，或许她是在等待着某个人，或是想去某网红店吃点什么，谁知道呢？

由此，杨永清做到了像父亲那样，像方舟阿姨、张培阿姨和晓露姐姐那样，用声音与听众架起沟通的彩虹，用广播人的生活进行时态与社会的变迁、人心的律动产生共鸣。有心人从她的朋友圈中发现，清清的女儿艾米目前已经十岁，似乎看得出她身上与当初的“咪咪头”有极为相似的地方——对声音天生的感觉和表演能力。如果十年之后，艾米也选择成为一名广播主持人，那么在上海广播史上这将是一个趣谈——三代广播人之家。

我们每天要做的事情和正在发生的事情，很大部分都是非主动选择的。但是心情的变化，这可以是主动的选择。从 3 月 25 日起，《早安新发现》扩容为每天三个小时，从早晨 7 点到 10 点，正好对应了上海市早高峰的时间段。这，又是这个节目和杨永清，与这个城市的节奏天然融合的一种象征。

是的，一档节目和她的主持人，其实应该是能让人“听”得见蓝天白云的，声音是有温度、颜色和情绪的。时空转换，你正看见窗外梧桐上的鸟，或正穿过弄堂，闻到了红烧肉的香味……你或许也会想起曾经听过其节目的某个女主持人。

这个城市，有我们的家以及清清杨永清。

作家、资深音乐媒体人　徐冰

2019 年 4 月

自序

无论你是否知道我，当你拿起这本书的时候，我们就已经产生了某种联系。我忽然想到电影《阿凡达》：只要你用心倾听，就可以得到想要的答案，并和对方产生美妙的“捆绑”。我习惯用声音来诉说，而这次我选择了一种自己极不擅长的方式来记录从业那么多年来的点滴。

有些人希望通过阅读这本书，了解一名女主播的日常；有些人梦想当上主持人，或许想通过这本书找到一些答案。而那些原本就认识我的听众，可能会从一个读者的角度发现一个截然不同的“清清”。

两年前，我不知道哪儿来的勇气，答应了出版社出书的邀请。刚开始进行得还比较顺利，而当这本书的书稿写到 70% 的时候，我的工作状态发生了很大的变化。我从一个一线主持人变成了一个团队的负责人，带领着“早安家族”接受各种挑战，打了一场又一场“硬仗”。天还没亮我就开工了，下班时已到黄昏。到家了，我还要辅导孩子的功课，紧接着就只想躺下来睡觉。我连生病都不敢，把 24 个小时拆碎了还是不够用，这逼得我一路往前狂奔。好在，我是个急性子，仅存的优点就是做事高效。我们这个训练有素的团队因此背负着庞大的工作量，而我几乎挤不出一丁点时间来写作。

从电台 DJ 到电视主持人，从网络主播到大型活动主持人，从配音演员到话剧演员，我觉得自己“斜杠”得挺厉害，但对于写书这事儿，我显然有些高估了自己。我始终觉得自己的文字功底不够扎实，自己说得远比写得好。当你觉得我的文笔粗糙，甚至有些语句不通的时候，请你原谅我。我愿意做很多的尝试，是因为自己精力旺盛以及充满了好奇心，能踏出这一步，我希望你能给予我一些鼓励。这样，我稚嫩的文笔也能在大家的鼓励下不断变得成熟起来。

我利用各种碎片化的时间来写书，甚至在开车的时候，我都会酝酿写作的灵感。我在深夜的地铁上写作，在 3 万英尺的高空中写作，在从上海到北京的高铁上写作，最后在大海上航行的时候写完了这本书。

在人生第三个本命年，我完成了写书的心愿，感谢出版社的邀请，感谢资深媒体人徐冰老师帮我写序，感谢林海老师、吕方哥、“转音歌姬”黄龄等的捧场。人生最幸福的事莫过于，我的爱好就是我的工作。

希望所有人都能拥有这般幸福。

杨永清

2019 年 4 月

•辑一　我的童年与播音

•辑二　圆梦之路一波三折

•辑三　我爱工作，也想平衡生活

•辑四　职场多面手养成记

•辑五　弹指十年，初心不变

辑一

我 的 童 年 与 播 音

1. 爸爸是主持人

在我呱呱坠地之前，爸爸就已经是主持人了。

于我而言，这是一种幸运。爸爸在南京出生，名宁，生长在部队大院里。小时候，他跟着爷爷一路从南京来到上海，初中报到的第二天，他忽然被告知要去当兵。而那一年，他刚满 13 岁。

关于部队的生活，爸爸描述的并不多，我大概知道他是个报务员，所以对数字特别敏感。而后来，我也继承了他这个优点，对车牌号、手机号、生日、身份证号码几乎都能过目不忘。我一直很好奇，爷爷是个土生土长的山东人，而部队里的人也大多是苏北口音，爸爸为什么能说一口流利且标准的普通话呢？

原因是我的奶奶，她是一名师范学校的语文老师。尽管作为南方人，她的普通话不可能和播音员、主持人相媲美，但比起上海弄堂里的那些阿姨们还是字正腔圆不少。从小吃着煎饼包大葱长大，多了些北方人的利落，再加上奶奶后天的培养，爸爸自然有了得天独厚的优势。

其实归根结底，还是因为爸爸有副难得而醇厚的好嗓音，以至于很多年后，每每提到他，大家还是会说："你爸爸的声音太有磁性了。"

1969 年，上海人民广播电台面向社会招聘播音员，在 1000 多位应聘者里就有我的爸爸。那一年，他 19 岁。所有应聘者的考题只有一种——播新闻。而播新闻是播音主持领域里最难的一关，需要一个人有相当扎实的功底，最起码不能出差错。

在 20 世纪 60 年代末，确切来说，当时还没有"主持人"的概念。整个上海，也只有上海人民广播电台 AM990 一个台，播报的基本是新闻和服务类的节目。对一个刚刚退伍的军人来讲，播新闻是一件多么难的事。可爸爸告诉我，在那段冲刺考试的日子里，他反复收听中央人民广播电台的新闻，模仿加学习，全靠自己的悟性。

终于，他从 1000 人中脱颖而出，进入了 28 人的培训大名单里，又从最难抉择的28人里突围，留在了7名正式录取的名单中。1970年3月9日，爸爸正式来到上海人民广播电台报到，成了一名真正的播音员。他本以为这样就可以顺利在节目中听到自己的声音了，可没想到系统的培训才刚刚开始，跟所有行当一样，哪有不做学徒就能直接上手的？

的确，在我们这个领域，做了多年编辑才能在台前出声的主持人不在少数，耐不住的人大多留不到最后。爸爸在刻苦训练了许久后，终于轮到了第一个“出声”，播报的是《节目预告》，一共没几个字，他却已兴奋得不得了。他播的第二档节目是《气象预报》，直到很久之后才开始正式播报新闻。

对一个一天播音都没有学习过的人来说，比起那些专业院校的学生、话剧演员，甚至有些其他省市的播音员，爸爸需要付出更多的汗水。但世上最幸福的人，或许就是能将兴趣变成工作的人吧。爸爸是，我也一样。

所以，我们有什么理由不努力呢？这也是我在爸爸身上看到的最可贵的品质。

后来，爸爸的播音业务能力越来越强，播报的重要作品有《中美联合公报》、长篇小说《吕梁英雄传》等。在播音技术炉火纯青之后，他也培养了很多新人，慢慢从播音员转型成主持人。爸爸一直跟我讲：“一名好的主持人，他的业务能力不能仅仅局限在直播室里，他需要站上更大的舞台。”

爸爸是著名节目《星期广播音乐会》最早的主持人，每两周一场大型音乐会，从策划到联系音乐家到彩排再到写主持稿，甚至有时准备大伙的工作餐他都要亲力亲为。这档享誉申城的优秀广播节目直到今天都影响着许多有着古典音乐梦想的人，而《星期广播音乐会》也让爸爸的职业生涯上升到了一个新的高度。同时，更让爸爸津津乐道的是，他身为音乐部的主持人，却跨界去了戏剧台，主持了当时的《星期戏曲广播会》。而这档明星节目，直到他退休之时都还在继续着。

同时，我还要特别感谢我目前所在的调频 FM103.7，它是爸爸和我之间最为重要的纽带，是广播梦的延续和传承。爸爸在 FM103.7 工作了 20 多年，而我正式进入广播电台工作时就是在 FM103.7。转眼间，我也在那里坚守了十余年。

FM103.7 是全中国第一家立体声广播，开播之初，每天只对外广播两个小时。别小看这两个小时，多少人每天盼着、等着，就是想在这两个小时里，听到全球最时髦、最新的流行音乐。

《立体声之友》这个节目，可以说是流行音乐广播节目的开山鼻祖，由于当时电台节目资源匮乏，于是电台发动了群众的力量，节目的听友把自己现有的立体声卡带邮寄到电台里，然后由编辑拷录再播出。现在看起来特别不可思议，可在当年，那可是一档轰动上海，甚至是轰动全国的广播节目。每次收听节目的听众都会听到一个特别醇厚的声音，播报着该节目的开头和结束语：“上海人民广播电台，现在是《立体声之友》节目。”那个声音就是我爸爸的。

这么多年过去了，说起这档节目，爸爸还是眉飞色舞，那是一个特别美好的属于广播的年代。而后，爸爸还主持了多档热门节目，最值得一提的是《热门歌曲》这个栏目。在我刚入台不久，有位听众在得知辛宁是我爸爸的时候特别意外，也很感慨。他是听过我们两代人广播的老听众了，他第一次听见张国荣的歌声就是在爸爸主持的《热门歌曲》里，而后我也经常在节目里播放张国荣的歌。

爸爸与广播之间的故事，真的太多了。最后来说说为什么我爸爸叫“辛宁”，而我叫“杨永清”吧。那是因为爸爸本名叫“杨新宁”，那个年代都流行单名的播音名，于是他便取了后两个字，可是并没有“新”这个姓，于是改成了“辛苦”的“辛”。

我也尝试过很多播音名，最后还是坚持用自己的本名，没想到后来也成了一种潮流，越来越多的主持人用自己三个字的本名，甚至还有四个字的。而说起名字，最有意思的变化是，大家介绍我和爸爸的方式慢慢从“辛宁的女儿”变成了“杨永清的爸爸”。

2. 不识字，居然录了磁带

现在回忆起磁带，在我眼前浮现最多的画面应该是我那个不到 4 平方米的卧室一角，在一个塑料柜子里放着两个小篮子。那时候的电台 DJ 都流行拿着塑料篮子去直播室里做节目，篮子里都是他们的宝贝，还有不少歌手亲笔签名的磁带。

所以，我的广播梦是从我房间里的篮子开始的。

由于爸爸、妈妈都在电台工作，我比起别的小朋友多了一些福利。爸爸会拿一些“过季”的磁带回来，在我的印象里，我当时最喜欢的歌手是张信哲、范晓萱和李玟。第一次看到李玟的磁带时，我误以为她是外国人，而一听她的唱腔，我便被这种从未听过的 R&B 曲风深深吸引。

至今，我最喜欢的歌曲都是来自那个年代的磁带里的曲目。在网络如此发达的今天，还有几首歌是我完全找不到的。比如一首叫《宠物》的歌，我搜遍全城的 KTV 都没有，各大网站上也没有，最后还是在我们电台的歌曲库里找到了。于是我一比一将其刻录出来，放在我的车上反复听。

张信哲的磁带是我收集得最多的，几乎只要是出一盘，我就买一盘。作为忠实粉丝的我，在工作以后曾采访过他三次。但奇怪的是，看到他真人时我却完全激动不起来。最后来说范晓萱，从磁带听到 CD 再到 VCD，我最激动的时刻是小学时自己曾打进电台热线跟她聊了十几分钟。但很可惜，这段美好的记忆当时我用磁带录下来了，但后来却弄丢了。

工作后采访范晓萱时，我也没好意思聊起这段往事。

再来说说 TDK，当时卖得非常贵，属于奢侈品。爸爸有时会把不用的磁带给我，我就会拿它们来录各种声音，有自己喜欢的电台节目，也有自己主持的节目。我用着极其简陋的设备，做着“假 DJ”。那个朝北的不到 4 平方米、终日不见阳光的房间，绝对是我广播的“启蒙地”。

20 世纪八九十年代，中国的磁带卖得很好，当然是以流行歌曲为主，不管是正版还是盗版。当时谁家没有一台收录机呢？红灯牌收录机，既能播磁带，还能录音，在当时绝对时髦。有些喜欢的磁带你会听到“走音”，因为老旧的磁带上的磁粉会掉，所以音质会失真。即使这样，大家也不舍得丢掉。

在磁带那么红的年代，我居然有幸参与了磁带的录制，并且第一次录制就去了中国唱片厂——中国流行音乐的发源地，那栋无数人向往的“小红楼”。

当时我还在读幼儿园大班。那个年代，我们的学习方式不“鸡血”，所以幼儿园大班的小朋友除了会念几首儿歌、唱几首童谣以外，绝大多数不认字，也不会拼音。有一天，爸爸说要带我去录磁带，当然先要去试音。

在那之前，电台的录播间我经常去，那是一间约十平方米的房间，满屋的隔音板，地面是用木头铺就的，踩上去会发出“咯吱、咯吱”的声响。红灯亮了显示“on air”时，就是可以录音了。在录磁带之前，我从来没有录过音。有时候陪着爸爸，我知道红灯一亮绝对不能说话，连呼吸都要格外小心。

中国唱片厂在上海徐家汇的繁华地段有一栋三层法式小洋楼。20 世纪二三十年代，法国百代公司购买了此处，很长一段时间里，它是中国国内最好的录音棚。后来，它就成了中国唱片厂所在地。

这栋楼里先后走出了许多大牌人物，比如周璇、胡蝶、冼星海、聂耳。

走进中国唱片厂的录音棚，我震惊了。宽敞的房间里估计能放下十台钢琴，而当时那里就只有我和爸爸。眼前的话筒是从“天上掉下来的”——小时候的印象就是如此，现在想起来，那应该是收环境声的。

试音的时候，爸爸读一句，我跟一句，绝大多数时，爸爸说的话我都不明白是什么意思。但是我从小胆儿就大，不怯场，不需要预热就能直接进入状态，这种优势一直保持到现在。

录音的过程已经很模糊了，我只记得备稿特别辛苦。由于不认字也不会拼音，录音的内容我全靠死记硬背。记忆力好也帮了我一个大忙。的确，想做主持人，“记忆力好”是一块敲门砖。在之后学习、备考到上岗的所有过程里，记忆力好会成为一个人顺利当上主持人的准入门槛。

我比较幸运，并没有专门训练过记忆力。据我所知，有很多训练记忆力的学习班，我的搭档就曾在小学里参与过这种“魔鬼训练”。尽管在短期内，他的确能背诵圆周率小数点后的几十位数字，可是过了那个高压期，该忘的都忘了。其实这种训练对记忆力一点帮助都没有。所以，如果记忆力不够好的话，就要用时间来补。

我第一次进棚时录的应该是童话故事，好像叫“蘑菇伞的故事”。除了我和爸爸之外，还有当时非常有名的主持人张培和他的儿子。他儿子比我大三岁，有很多与录制期间有关的故事都是他后来口述给我的。这盘磁带的销量也不错。再后来，我还录了非常有名的《机器猫》。我清楚地记得，当时把“机器猫”翻译成“小叮当”，也有叫“阿蒙”的。张培儿子配康夫，而我配晓静，还是一字一句硬背下来，想想也挺佩服自己的，不过现在回听当时的录音实在太青涩了，没有感情，不理解意思，死记硬背的痕迹过于明显。

但对一个只有五岁的孩子来说，这已经很不容易了，它也是我职业的启蒙。由于我上的幼儿园是全托的，我只能在休息日里录制，每次都录到深夜。我记得自己在小红楼的沙发上睡着了，醒来已经是凌晨，爸爸还没收工，我就接着睡，一起回家时天已经亮了。

不知道这算不算人生第一次熬夜，其实，痛苦的经历我丝毫记不住，而那人生里最早录制的磁带据说淘宝现在还有卖。

3. 第一次献给了五岁

现在，我的女儿正好五岁，看着她脸上满满的胶原蛋白，精力极度旺盛，似乎身上的“电池”能量永远释放不完。印象里自己的五岁应该没有她那么活泼，我童年的大多数记忆都停留在幼儿园里，因为那是我待的时间最久的地方。

我两岁开始就被送进托儿所全托了，全托就是住在幼儿园里，一周只能回家一次。从两岁到上幼儿园中班，我一会儿被全托，一会儿被半托。有时候爷爷奶奶会帮忙带我，有时候我会待在电台楼上的托儿所里。爸爸妈妈工作都很忙，妈妈当年是打字间里的打字员，需要倒班，上早班时她天没亮就要到，要打早新闻的稿子，上中班也要很晚下班，到家时几乎都是深夜。

爸爸妈妈的工作性质，导致我很小就被送去幼儿园里全托。那时候全国还没有实行双休日，周一到周六我都在幼儿园里，爸爸妈妈周六下午来幼儿园接我回家，不到 24 小时就得将我再送回幼儿园。我读幼儿园中班时，进的是“海军司令部幼儿园”，印象深刻。当时全上海能够住校的幼儿园并不多，爸爸妈妈好不容易才让我进了这个部队幼儿园。

我的老师和园长都是军嫂，我们平时见得最多的也都是海军叔叔。那是 20 世纪 80 年代末，他们的帽子后面还有两根飘带，海军领从后面看起来方方的，特别好看。幼儿园里吃的食物也都很有北方特色，每天早上都会有包子，以及天天必吃的糖蒜。上海姑娘在家一般很少会吃蒜，而我从幼儿园开始就能吃蒜了，直到现在我最喜欢的食物仍然是蒜泥茄子。

很多人分析，说我一个土生土长的上海姑娘，性格却如此耿直，一定跟童年时住幼儿园的经历有关。老师是北方人，食物构架很“北方”，时间久了，无论我的长相还是性格都很“北方”。

在幼儿园期间，我几乎没有接受过语言方面的培训，也没有特别出挑的才能，但自小就是个文艺积极分子，跟其他女孩一样，喜欢唱歌跳舞。大概是在幼儿园大班的时候，我去参加了上海广播电台的少儿广播剧团，才接受了系统的培训。

曾经有很多人问我爸爸：“你自己业务这么好，为什么不教你的孩子？”爸爸的观点是自己教自己的孩子下不了狠心，也不能树立该有的威严。印象里爸爸只教过我两次拼音，最多不会超过三次。

在接受了一些训练后，我知道了一些基础的发声方式。语言都是从模仿开始的，在老师的帮助下，我的语言有了些进步。

那是即将从幼儿园大班毕业的日子，我们一直在排练演唱《学习雷锋好榜样》和《接过雷锋的枪》。本来已经很忙碌的我，有一天忽然被老师叫去。原来是毕业演出需要一个主持人，而这个主持人就要在大班的孩子里选，目前老师们已经有了初步人选，一个是我，另一个是隔壁班的女孩。

我只记得隔壁班的女孩长得很美，头发有小卷，皮肤白白的。我那时候最羡慕皮肤白的女孩，因为我小时候虽长相出众，但就是肤色比较深，到了夏天，太阳一晒，上海人叫“么么黑”。所以从长相来看，那个女孩赢了。

在老师的指导下，我们分别把开场白念了几遍。老师悄悄对我说，从主持的角度来讲，她们更倾向于我，但是我的眼睛如果能“说话”那就更完美了。天哪，如何让一个五岁的孩子理解“眼睛会说话”这件事？其实当时的老师也完全不知道该怎么跟我解释这个问题。我有点懵，但因自己从小好胜心就强，深刻知道如果我的眼睛不会“说话”，肯定不能胜任那次的主持活动。

那一晚，住在学校里的五岁姑娘失眠了，我一遍又一遍地背着老师教我的开场白，然后不知不觉睡了过去。第二天起床，我非常紧张，因为我必须和另一个女生来竞争这个主持人的位置，那个女生是半托的，她回家后还有父母可以给予指导，而我一个人躺在床上悟了一晚，也不知道该怎么理解“眼睛会说话”这件事。

但那天的结果是我获胜了。当我开口说开场白的时候，老师们兴奋得拍手叫好，大声说道：“对了，这就是眼睛会说话的主持人。”我都没想到，自己居然赢得了这场比赛。我现在努力回忆，我的改变可能在于“多了一些微笑”和“眼睛微微放电”。

所有的主持串词都是老师写好的，那段时间，我在幼儿园里的任务就是反复背台词，回到家后还是背台词。多数煽情的字词，我压根都不理解其意思，但凭借着不俗的记忆力，自己居然把全部台词都背了下来。现在的我上台还需要拿手卡，而五岁的我，一场毕业典礼的主持稿都在脑子里。

那是我人生第一次登台的经历，五岁的夏天，幼儿园的毕业典礼上，它是如此宝贵，是那样的来之不易。尽管影像资料已经找不到了，但当时的经历我一直记到现在。那种获胜时的成就感弥补了我在幼儿园见不到父母的所有悲伤。

电台里有两个名声特别好的团体——少儿广播剧团和少儿广播合唱团。由于我爸妈都在电台工作，而当时广播电台的福利就是，员工的孩子可以免费入团培训。爸爸也不知道我到底是喜欢唱歌还是喜欢演播，于是想让我两个班都去试听一下。

那一年我上幼儿园大班，合唱团班上最小的学员都已经上小学了。所以我一进班级其实是恐惧的，小的时候，大一岁，个头会差很多，离开父母和熟悉的环境，独自面对声乐老师和一众哥哥姐姐，我已经有了想哭的冲动。爸妈总认为，女孩天性都爱唱歌跳舞，其实也没错，可是一旦开始系统学习，老师们多少都会比较严厉。

跟同学们一起唱的时候，我还能滥竽充数。可是，让我最担心的事情还是发生了。有一天，声乐老师把我叫起来，让我独自跟着钢琴唱两个小节。每一位同学手里都有五线谱，他们多少都有一些识谱能力，而我，一个音准、节奏概念全无的幼儿园孩子，在那种场合里，只能用放声大哭来释放内心的恐惧。

在上海北京东路的老电台那里，你能看到外滩。1922 年建造的老房子对幼小的我来说，本身就带着一丝神秘，而就在那一刻，我的哭声响彻整栋房子，以至于在后来很长的一段日子里，我都不想看到那台合唱课上用的古董钢琴。

那次以后，爸爸开始质疑我是否有艺术细胞和我看似旺盛的表演欲下到底有没有胆量站上舞台。做主持人特别重要的一点是，你必须享受舞台，决不能怯场，在话筒前或舞台上你甚至要比生活中更“人来疯”。然而，在我五岁时，平时能说能跳能唱，可一到关键时刻就“歇菜”的毛病的确出乎我爸妈的意料。

我到底是对唱歌没兴趣还是害怕面对陌生人，连我的爸妈也不知道。直到我爸爸鼓起勇气，让我参加了第二个剧团——少儿广播剧团，当时叫演播小组，情况才有所改变。

第一次进入演播小组，我仍然是班里最小的成员，依旧羞涩、胆怯、不知所措。我记得当时我的老师是一位非常有亲和力的中年女性，她是儿童艺术剧团的演员，声音很有磁性。每一堂课，她都会让我们从练声开始学习，因为学声乐和学播音一样，都要学习科学的发声方式。比如，用“呜”来表示小火车，然后由远及近，慢慢地小火车又开走了。这不仅可以锻炼我们的声音控制能力，并且对小朋友们而言比较容易接受。快三十年了，这个发声练习我至今记忆犹新。

因为这位老师，我喜欢上了这个班，当然还有很大一部分原因，是我觉得朗诵、讲故事的确比唱歌更适合我，几堂课下来，我不仅跟得上哥哥姐姐们，而且表现欲越来越强烈。从一开始躲避老师的眼神，到自己主动举手愿意朗读，在每周仅有一天时间能回家跟父母团聚的日子里，我也必须得匀出时间学习播音、朗诵。从幼儿园到小学五年级，我没有落下过一堂课。

现在看来，我的童年挺“苦闷”的，真正能玩耍、享受童年的日子少之又少。后来，我做主持人上节目的时候也经常说自己是一个“没有童年的人”。不过，我也要特别感谢在少儿广播剧团边学边笑的日子，因为有了这样扎实的基础，我才能在之后的一场又一场竞争中脱颖而出。

4. 全国第一档中学生节目

11 岁那年，我非常幸运地加入了全国第一家中学生广播节目《青春太阳》。这是全国第一档由中学生自己采访、编辑、主持的节目。一旦你成了这档节目的主持人，那么恭喜你，你同时也成了这档节目的编辑和记者。

11 岁，我就拥有了人生中第一张记者证。

说来也巧，那时我刚刚从上海人民广播电台少儿广播剧团毕业，上海人民广播电台少儿部的老师从我们那些毕业生里选出了部分已经成为中学生的人，参与到了《青春太阳》节目的编辑主持等工作中。我那时刚刚读预备班，正巧算中学生，挤了进去。而这档节目，也是我主持生涯中的第一档节目。

《青春太阳》作为全国第一档中学生节目，培养出了很多优秀的人才，最有名的非当红影视演员胡歌莫属了，还有一大批著名的主持人、配音演员等，那是一个特别锻炼人的地方。我觉得我的人生就是在不断的挑战中成长的，直到现在，我还在一次又一次地迎战。

说实话，我是一个不太喜欢给自己留退路的人，对自己特别狠，想好要干什么之后就从不给自己其他选择。有时候我觉得是不是自己目的性太强了，给人第一印象往往是气场太强。其实这都是被逼出来的。考艺校的时候，我只填了一个志愿，毕业后只想做电台主持人，没有给自己退而求其次的选择。我也没想过一旦失败会怎么样。也许，这样的想法是不成熟的，但我就是凭借着这一股脑儿的冲劲，一直走到了今天。

人生中总会有很多机会放在你的面前，那你究竟是选择挑战还是放弃？我相信多数人都会选择挑战。何况我当年只是一个预备班的学生，没有什么输不起的。

初到《青春太阳》节目组，我就感到一种无形的压力，那里全是哥哥姐姐，且个个出自名校，有些人的播音技巧已经非常成熟，有些人在学校里已经是广播台的台长。尽管我当年已经录了几盘磁带、几支广告，但全部都是在爸爸的陪伴下，只做个小配角。而这一次，我真的要独当一面了，整档节目从确定选题、采访、写串联词到播音，每一个环节都由自己一个人完成！是的，除了剪辑，后来正式工作时的内容与我初中时相比，也只差了一道工序。

这真的是一个非常磨炼人的平台。我当时只有 11 岁，一档在上海主流新闻频率播的节目，由你来支配，是种怎样的压力？

所有新事物的开始都是从模仿起步的，反复听节目，反复分析案例，这个方法被我一直沿用到今天。其实做中学生节目最难的就是选题，我还清楚地记得我们节目的片头是“上海中学生之声”，我们也通过节目表达过中学生的心声。

那么，什么是在当时中学生群体中最流行的事物？中学生最关心的话题是什么？中学生喜欢的歌都有哪些？作为一名中学生，那个年代根本就没有社会资源，你必须调用你能够调用的一切资源来丰富节目内容。我那个时候掌握的最多的资源就是一手的新歌，可以把当下中学生最喜欢的歌曲第一时间在节目里播出。

那是一个还没有网络的年代，可当时的中学生却很幸运，无论是电视还是电台，都有很多为他们量身定制的节目，比如央视的《第二起跑线》等节目，还有很多围绕中学生的文化作品和电视剧，如《十六岁的花季》《十八岁不哭》等。而现在的中学生大多听欧美歌，平时会看看论坛，也会追追星。

记得刚做节目的时候，我自己去上海的二手市场淘了一个采访机，用小磁带录音的那种，随身带着，在学校里录一下对学生的采访过程，在大街上录一些自己喜欢的声音，有时候还会去采访一些作家、前辈等。当年我的搭档比我还小几岁，她最有利的社会资源是认识许多作家，我俩就利用休息日拿着采访机去作家家里拜访。

而让我印象最深的，是自己独自拿着采访机去采访了国家一级演员、著名表演艺术家乔奇爷爷。其实不论是著名作家，还是表演艺术家，看到学生们都是特别欢迎的，他们在当年的我们身上会看到自己学生时期的影子，更何况我们和他们孙辈的年龄相仿，所以彼此都特别有好感。

在做中学生节目期间，采访工作是我最喜欢的。无论是写提纲还是联系采访者，我都非常顺利，似乎没有遇到过一丁点挫折。但我也犯过错误，并且挺严重，那件事的打击在于，我忽然明白这个节目不是做给自己一个人听的，而是做给所有上海市民甚至所有其他能辐射到的听众听的。

这件事，我从来都没有公开说过，但它给我狠狠上了一课。《青春太阳》节目组培养出了那么多优秀的人才，而如今还坚守在这个岗位上的人寥寥无几。在主流媒体行业工作是需要有相当高的觉悟的，人都会犯错，早一点经历也是种恩赐了。那次以后，但凡播出的内容我都非常谨慎，运作选题时也是三思而后行。对一个 11 岁的孩子来讲，人生观和世界观尚不成熟，但我万分感谢那一次打击，所谓“吃一堑，长一智”，打击后的受益一直持续到了今天。

我的第一档节目就是从这档《青春太阳》节目开始的。从 11 岁到现在，我感觉自己似乎再工作几年就能退休了。直到今天，还会有人不时地在微博上给我留言，说他听过我主持的《青春太阳》。所以，那些经历都是极其宝贵的财富，总会有有心人记得。

当年，有很多学生想来主持这档节目，而全上海有那么多中学生，我们节目组的主创还不到 15 个。印象特别深的是，有一个市西中学的女生，几乎每周都给我们节目组写信，大致意思是喜欢我们节目，想要参与到节目中，可每次都与机会擦肩而过。直到有一次，她说她能把韩寒请来。

那时候韩寒应该还在读松江二中，或许已经毕业了。

她真的把韩寒请来了。我还记得韩寒那天开着一辆富康，将车停在我们空旷的广播大厦的广场上。有不少主持人请他签名留言，他居然写下了“写作文要像大便，要有感而发”的字样。是的，如此直白又一针见血。而在那以后，那个女生就加入了我们的节目组。

我们同一批的“小主持”差不多有十来个，到现在还会经常聚会，当年的各路名校学子，现在已是各界精英，唯独我，还坚守着这份我从小到大的梦想。有一次，我召集他们来电台用餐，再带领他们参观我们中学时代做节目的录音棚，大家都感慨万千。谁还记得当年的执着，谁还在继续自己儿时的梦想？

当机会来临时，我们还敢不敢像当年那样，不顾一切，全力以赴呢？

5. 第一次商演

加入《青春太阳》节目组，我开始了独立做电台主播的生涯，从一名中学生迅速成长为有能力独当一面的小主播。随后的整个学生生涯，我依靠各种稿费收入，慢慢不再向家里要钱了。

尽管《青春太阳》节目有庞大的主持人群体，但在我看来，年龄比较小的我还是有一定优势的，比如我的选题比较新颖，声音甜美，有亲和力。当年十二三岁的我青涩、质朴，虽不完美，却很真实。

由于《青春太阳》节目主持的成功，之后我的节目邀约开始多了起来，在学生时期，我还分别做了科普类的少儿节目《阿爸教现代科技》和现在又开始红起来的朗读类节目《听你读范文》和《跟我读范文》。

对一名学生来讲，如何权衡和安排好课业与主持节目的时间很重要。庆幸的是，我们读书那会儿课业压力不大，我又属于那种极度鄙视"拖延症"的人，从小性子就很急，所以通常我的作业都在学校里完成，回家之后的绝大部分时间我都可以用来备稿。

"备稿"这个字眼听起来既熟悉又陌生，如今做类似于"脱口秀"形式的节目多了，它似乎离主持人越来越远。其实，"备稿"是主持最重要的命脉，当然，在我们那个年代，大家一般都会从播音开始，再慢慢演变成主持。

通俗来讲，播音就是对着稿子念。当然，每个人功力不一样，念出来的感觉是截然不同的。在所有主持人都会参加的"普通话测试"里，朗读的分数占了很高的比例。就播新闻来讲，它是客观的，不带很多感情色彩，而朗读注入的更多是个人的理解，一百个人读《乡愁》会有一百种感情，除了一些基本的停连和逻辑重音以外，我个人觉得怎么舒服就怎么读。

在我早期主持的科技类节目中，所涉及的文稿都比较专业，所以非常考验主持人的播音功力。20 世纪 90 年代，电台的录音棚与现在相比可以用“硕大”来形容，除了录音棚大以外，外面的导播间也大，并且每次录音都坐满了人，比如录音师、责任编辑、节目兼职人员等。一旦录错重来的话，耽误的是所有人的时间，会让人觉得很丢脸。

现在，很多节目都是主持人自己录制剪辑的，所以相对而言，这种压力小了很多。但在当时，为了给自己争点气我也得在家好好练，不能出差错啊。如果一直读错，我就会担心我的“小主持”位子不保，因为优秀的主持人太多了。

好在我的努力得到了回报。我不仅保住了“小主持”的位子，还接到不少节目的邀约。印象最深的是，我终于有了自己的第一档日播节目，也就是说，听众每天都可以搜索并听到我的声音了。周一到周五是录播，周六和周日是直播。你知道在 20 世纪 90 年代，开始能上直播节目意味着什么吗？我爸爸工作了不知多少年，不知报了多久的天气预报才有机会上直播节目。这是一件多么有使命感和无上荣耀的事情！当知道我能做直播节目的时候，我的爸爸比我激动多了。几乎所有主持人的第一次直播经历都是紧张得不会说话，而自己的第一次直播，我真的完全记不得了，好在我是和爸爸一起主持的，唯一的可能性是话比较少，但肯定不紧张。

后来我有了第一次独自做直播的经历，据我爸爸回忆，他们领导紧张得两手冒汗，生怕出一点差错。回家后，我爸问我是否紧张，我都不知道为什么要紧张。可能我小时候真的胆子特别大，敢说、敢冲，标准的初生牛犊不怕虎。可是现在，从业十年后，我反而会在某些场合莫名紧张，需要靠不断调整呼吸来让自己平静下来。

读初中那会儿，我每天要坐公交车去学校，去时要花一块钱，回家也要花一块钱。这属于刚性消费，我妈妈每个月都会给我支出这部分花销。我的同学们每个月会有几十块零花钱，买买学习用品和零食。而我每天放学后唯一的爱好就是一碗油豆腐粉丝汤，由于我家离学校不近，所以每次放学之后，在和成年人拼体力挤公交之前，那一碗治愈人心的粉丝汤就成了我至今记忆犹新的心头好。

后来那家店拆了，高中毕业以后，我再也没有吃到过这么好吃的粉丝汤了。在那个每天下课后我们这些学生都要人均消费 3 块钱的年代，我已经不问爸妈拿一分钱零花钱了，靠着每个月电台里虽然不太多但还算稳定的稿费，我的学生时代也挺“富足”的。

记得我的第一份商业演出是在 16 岁那年。那时候，为了拿到这个工作，我谎报了年龄。

第一次在电台以外的平台主持，并且是在有客户、公关公司、广告公司等方方面面需要沟通的情况下，一个还未完全涉世的女孩，要去和那么多人斗智斗勇，除了表现出成熟外，还需要强大的内心。好在第一次的商演非常成功，我也正式开启了自己商业演出的生涯。那时，需要如我这般稚嫩的主持人的活动并不多，但只要能接一场活动，我可以喝上好多碗粉丝汤，特别满足。

张爱玲曾说：“出名要趁早，来得太晚的话，快乐也不那么痛快。”而我想说，学播音也要趁早。

我是从幼儿园大班开始系统学习播音的，由于从小耳濡目染，所以学起来还算顺手。如今，孩子的语言发育水平已经大大超过我们小时候，我小学之前不会背唐诗，三年级之前还说不出成语。而如今的孩子呢？四五岁就能背许多唐诗宋词的大有人在，同时他们还能讲流利的英语。

这些孩子到底是真的有语言天赋还是被各种早教培养出来的呢？说实话，我个人是非常抵触各种早教班的，我女儿在上幼儿园小班以前没有上过任何早教班。我身边那些从孩子 10 个月开始就急着报各种早教班的家长比比皆是，没孩子的人可能体会不到，也没概念。10 个月的孩子刚刚会爬，不会说也不会走。

我女儿开口说话很早，6 个月时就会叫“爸爸”“妈妈”，10 个月时几乎能听懂所有的话，1 岁时跟大人交流已经基本不成问题。或许因为语言能力发育得好，所以才会有其他缺陷，比如女儿的动手能力很差，人家同龄的小孩已经能画一整幅画了，她却连圆都画不来。我觉得这个时候就要“趁早”了，所谓缺什么补什么，我们看到女儿的弱点，于是选择给她“补”，这个跟兴趣爱好无关。我想有意识地给她做一些权衡，从而培养她的兴趣。现在的结果是，我女儿在画画方面进步很大，甚至比上游泳课和英语课的兴趣更大。

所以你看，有些时候，孩子的潜力是非常大的。

先来说多早算早。我个人觉得，是在读了幼儿园以后，孩子至少能自己独立组织语句，能和家人正常对话，并且对于说话这件事有很强烈的欲望。当然，也的确有很多开口说话晚的孩子，上幼儿园后也只能说出个别词语。其实我觉得两者都可以去学习语言，一种是天赋型的，另一种是补缺式的。对每一个孩子而言，语言环境实在是太重要了，那些开口晚的孩子一个是发育得晚，另一个就是语言环境不好。成人永远不要质疑孩子的记忆力，就如同很多人反对带着婴儿去旅行，觉得费神，最后他们还会来一句："他懂什么？"

事实证明，孩子是有短期记忆力的，之后你可以通过视频和照片帮他重温记忆，这是孩子拥有的一笔巨大财富。据我个人观察，那些不太愿意开口讲话或羞于与人交流的孩子，很多是隔代教育。我个人比较反对这种方式，一是你的父母可能会把旧的教育理念灌输给你的孩子；二是孩子拥有超强的模仿能力，可能会把你父母的习惯快速复制到自己身上。

我一直劝我的好朋友多陪陪孩子，说实话，孩子长大的速度实在惊人，你再不陪伴，他可能很快就该"嫌弃"你了。我真的恳请各位父母，有时间一定多陪陪孩子。在我看来，不说别的，至少这对孩子的性格发展和语言发育有很大的帮助。

再来说说怎么学。其实，父母真的是孩子最好的老师，这是一句至理名言。父母的语言直接影响着孩子，你可能记不得你曾在孩子面前说过的词语或成语，但他会在不知不觉中“还”给你，当然他有可能会说成“人海人山”“掩耳盗钟”，但没关系，至少他在模仿的道路上勇敢地跨出去了，你不用刻意地去灌输给他，只需要在生活中做一个有心人。

我因为有职业病的关系，在女儿刚开口的时候就刻意让她有前后鼻音的概念，但凡有后鼻音不到位的情况我都会纠正她，久而久之，她就有了前后鼻音的概念。其实，南方的孩子大多没有前后鼻音的概念，初中的时候，我在一次朗读过后被爸爸痛骂了一顿，说我完全不分前后鼻音。那次以后，我渐渐开始可以区分前后鼻音，方法很简单，就是勤查字典。有了意识，才会想办法区分，熟能生巧。这个听起来很傻的办法，久了也管用。

我前不久去做一个老牌的故事比赛的评委，接触到了不少很早就开始学习朗诵和讲故事的孩子。那些选手们大多来自幼儿园中班和大班，他们不仅可以完整背出 5 分钟长的故事，还都极富表现力。这些孩子讲故事的能力大大超出了我的想象。古今中外的各种故事，你能深刻体会到他们都是理解的，所以他们的表现力可以通过语言和动作来呈现。不过也有让人遗憾的，也是我要提醒所有家长必须警惕的，有部分孩子，特别是女孩子，极度自信，从服装到道具都花了很多心思，只可惜她们被过分“雕琢”了，她们的每一句话、每一个动作都被老师设计好了。于是，她们看似完整、天衣无缝的演出，往往并不能令评委们满意。

所以，我觉得选老师必须得慎重，我们俗称的“野路子”老师，最好远离。目前教育机构鱼龙混杂，很多刚毕业的实习生进不了电台就在外面的艺校做老师，他们肯定比没有基础的人强一点，可在我眼里还达不到老师的标准。

学习播音主持时，所谓的“趁早”，是要给孩子尽早塑造语言环境，而不是盲目送去学校。五六岁的孩子怎么可能懂什么叫主持？他们要先从听故事开始，让自己有讲故事、编故事的能力，然后慢慢开始学着写串词，最后再开始脱稿主持。

这个过程非常漫长，但首先是得有兴趣，其次是得有信心，最后还需要好运，能跟对好老师。

辑二

圆 梦 之 路 一 波 三 折

1. 从六千人中突围

在经历了整个中学时代的顺风顺水后，我又顺利进入了艺术院校。不过我并没有学播音主持，而是学的音乐教育。当时的想法很简单，万一做不成主持人，我以后还能成为一名音乐老师。

大一的那年暑假，我爸逼着我去考普通话水平测试。那个时候，央视、省级台的主持人都必须考出“一级甲等”，也就是必须考过97分，并要到北京送审，通过了，你才能拿到那本至高无上的荣耀证书。

很多主持人专业的学生读了四年就为了这一纸证书。当年有了证书才有可能入行，没有的话连门都进不了。这种忧患意识我从大学一年级就开始有了，师范生都有普通话课程，不过比起播音员、主持人，要求低了不少，语文老师只需要二级甲等，其他教师则只要达到二级乙等。

我记得，教我们普通话课程的老师是个广东人，极有语言天赋，普通话、广东话、客家话甚至是上海话，她都能说得极其标准。

有一次下课了，我拖着这位老师帮我测试一下，那时我的自我感觉很好，觉得考 97 分不算是太难的事情。老师在很耐心地帮我模拟了一遍考试流程后告诉我，顶多一级乙等，达不到 97 分。我那叫一个不服气，周末就去参加了测试，95.3 分，果真是一级乙等。

在上海，每个区县都有广播电视台，一级乙等的水平已经可以在上海的区台，或者其他省的地方台做主持、播音工作了。但我的目标是在上海人民广播电台做主持人啊，一级乙等是敲不开门的。经过那次打击以后，我变得非常卖力，我把家里橱柜最底下那只已经变色的牛皮双肩包翻了出来。那段时间，我的书包里只有两本书：《普通话水平测试专用教材》和《走遍美国》。

这可能是我整个学生生涯里最卖力的时光。因为它关系到自己的梦想，而现实一点来说，它关乎我未来的生存。除了书籍，我还有一个随身听，里面是50篇朗读作品的范文，从印海蓉、叶蓉、陈淳到方舟老师，每一位老师的声音我到现在都记得清清楚楚。所有的学习都是从模仿开始的，我的声线属于偏中音的，所以每每读到偏中音的方舟老师的作品，我就会感到特别舒服。

每天除了上课外，所有在路上、休息的时间里我都在读文章。记得有一次，我去医院里看一位病人，在她的床头念书里的文章给她听。过了一会儿，护士来换药，问病人：“刚才是不是你在听收音机？”病人被问的一头雾水，后来才知道，护士错把我读的内容当成是从收音机里播出来的了。

学习语言，我个人觉得最重要的就是语言环境。尽管我爸爸是个播音员，平时我们也是用普通话交流的，但是爸爸工作过于忙碌，以至于我很少有机会跟他单独交流，他也无暇来辅导我的语言。不过，他倒是郑重其事地跟我说过几句，让我少听流行音乐节目，多听听新闻。在那个严查是否持证上岗的日子里，真有不少音乐节目主持人因考不出普通话最高级别而被迫停职。也有一些还在做的节目，播音员要在节目播报时称自己是实习主持等。

那段时间，电台里的氛围很凝重，一些做了很多年的主持人甚至开始怀疑自己到底会不会说话。不过，经常和港台歌手打交道的音乐节目主持人为了让节目听起来洋气一点，免不了会多一点所谓的“港台腔”。我从业以后在采访港台歌手的时候，自己的口音也会被感染，这就是所谓的“语言环境”。我觉得没有对错，只能说明你适应能力不错，只要不是刻意为之，都可以接受。

语言环境对一个学习语言的人来说很重要。大一的暑假，我爸就义无反顾地把我送去了北京。到北京后，我和同学住四合院，坐公交车，和出租车司机聊天，感觉日子很美好。大约在到了北京的第三天，看完升旗仪式后，我爸给我打了一个电话，电话那头他惊呼："你的语言好了不止一点点啊，你要不多待一个礼拜吧。"

其实，我自己是丝毫感受不到这些变化的。但因为常和北京人聊天，至少我的儿化音说得溜了不少，语音面貌正了很多。不过北京的很多土话和规范的普通话的用词容易混淆，比如"遛弯儿"是老北京话，普通话叫"散步"；"旮旯"也是方言，不能算标准的普通话。上海话里也有很多这样的，比如"棒冰"是方言，"冰棍儿"是普通话；"乌青块"是方言，"血晕"才是普通话。

据说很多北京的播音员都栽在方言和普通话这块，而上海的主持人似乎会有一些优势，能用上海话读得顺的词就是上海话，另一个就是普通话。如果要单纯给考普通话的人一些建议的话，我觉得首先最好找一个靠谱的辅导机构；其次，一些可以提前准备的内容必须如数家珍，当年书中的50篇课文以及50个话题我都倒背如流；最后，我特别想强调语言环境的重要性，考试的那段时间，尽量不说方言，尽量跟语言说得好的人多交流。

不过，现如今，对主持人的考量已经不单单在于语言了。有没有个性，有没有专长，人设是否讨喜等远远比语言来得更重要。不过，我始终对自己的语言有着较高的要求，多学习，多钻研，勤查字典，多看易读错的字词并汇总。身为主流媒体的主持人，还是要有公信力和责任心的，不求最好，但求始终都有进步。

2. 准备放弃主播

自懂事开始，一直以来，我的梦想就只有一个——做电台主播。这种感受非常强烈，从读幼儿园大班时开始，我做的每一件事情其实都是在向着这个目标前进。可是，在那次比赛后，我几乎决定放弃了。

第二次参加“明日之星 DJ 选拔赛”，我是很被动的，成绩并不让人满意，但我还想着有一丝希望。也许是之前所有的运气都用光了，忽然有一天，当时的领导明确告诉我，电台在两年内都不会招人。

这个打击对我来说意味着什么？要么等两年，但两年后会有什么变化谁也不知道，我还有勇气第三次参加比赛吗？要么彻底放弃做主播，转行，永远说再见。

那个时候，我二十岁出头，心智并不成熟，那一段时间我整个人都充满了负能量。从理想的角度出发，我从五岁开始，学演播、录磁带、主持少儿节目、做小记者、主持商业活动、采访艺人，每一步都觉得离梦想更近了一步。可是，眼下我不得不面对残酷的事实。而从实际出发，我马上要毕业了，我总得找个工作。

我大学读的是师范专业，除了我和两位出国的同学，其他所有人都当了音乐老师。有一天，大学同学倩约我吃饭。她毕业后去了一所很有音乐特色的小学当音乐老师，除了上班以外，想跟她学钢琴的学生很多。倩因为能说会道，对孩子很有爱心，家长也特别喜欢她，她的收入很可观，而且还有寒暑假。她反复劝我赶紧做老师吧，社会地位高，收入也不错。

没几天后，同学蓉闲来无事打电话给我，开口就是："亲爱的，我要结婚了。"我的天哪，我的工作都还没落实，她怎么工作了几天就要结婚了？接下来她的话，更让我觉得不可思议。她说："我刚毕业，家里人就帮我介绍了男朋友，我也没想结婚，可是前段时间不小心怀孕了，家里人就让我们把证领了，我们下半年也要办婚礼了，你来帮我主持哦。"

我的第一反应是回她：“你说会不会你孩子都出生了，我还是个待业青年啊？”蓉急了：“什么？你还没找到工作啊，你原本实习的学校不是要录用你吗？你在想什么呢？你以为我是为什么那么快就嫁人了？还不是因为我公婆看中我是老师，有寒暑假，以后孩子读书也方便。”“做老师容易嫁得好”这句话在坊间一直流传着，好像也的确是这样。大学毕业没多久，同学们嫁的嫁，生的生，感觉就我一个人还在继续找工作。

同学蓉说的一点儿都没错，我在大学实习期间去了一所校舍相当漂亮、学校设施非常先进的民办学校做老师。那里也很有音乐特色，每个学生放学后都能去自己的琴房练琴，学校里还有专门的舞蹈教室。学校各方面条件都很好，那个时候他们就有了校车，学生也都很活泼可爱。

记得实习期间，除了上一年级到三年级的音乐课以外，我还负责担任一个班级的副班主任。每天上完正常课程后，我还要去琴房给学生们上钢琴课。

在整个实习期快结束的时候，我开了一堂公开课。在课程设计里，我融入了自己在语言上的优势，给孩子们制作了很多教具，充满了童趣和想象力。那次公开课非常成功，学校领导们都很满意，我自己也相当满意。实习期满后，校方让我考虑留在学校转正，最后我还是婉言谢绝了。

最有意思的是，这所学校如今在上海火得不行，已经成了响当当的名校，录取率只有15%。我女儿正好幼儿园毕业，也有意向考这所学校。当年让我去教书，我婉拒，如今近万人挤破头皮去考，很有可能我女儿也会被拒之门外。

有时候，世上的很多事情就是那么玄妙，我从来不后悔自己的选择，能经历的都是财富，追逐过梦想，自己觉得没有遗憾就行。

那段时间，我也曾想过，要不要在上海最高端的写字楼里做一名朝九晚五的白领，或者去尝试考一考空中乘务员，但这些念头都只是一闪而过。在比较迷茫的时刻，我去找爸爸聊天，爸爸说的话也很实在。

“你不做主持人，太可惜了。”这十个字，掷地有声，似乎又把我唤醒。

他还说：“宁可机会负你，你不要负机会。”

爸爸的一番话让我继续有了斗志，但却依旧迷茫。上海市台不招人，而我只想做主持人，怎么办呢？爸爸也绞尽脑汁，最后想到了一个不错的选择：“要不你去区台试试？上海那么多区台，应该也需要新鲜血液。”我赶紧点头，至少有一个稳定的平台可以施展，最关键的是，我觉得自己坚决不能再做待业青年了。

最终，上海的松江台答应跟我签劳务派遣合同，发最低的工资，帮我缴五险一金。

同时，我并没有放弃 FM103.7“新闻播报小姐”的工作，每天一早按时去报道资讯，然后回家赶制松江台的节目。松江台安排我去当时全台最红的一档节目《歌声传情》。这是一档听众写信点歌的节目，我的带教老师年纪挺大了，他是这档节目的男主播。

最初听完节目后，我的感受是，节目的群众基础很好，可是整个节目从听感来讲比较老式，没有任何包装。当时的领导让我做周一、三、五的节目录播，每周只需要我把节目在规定时间内上传到电台的电脑上就可以了。考虑再三，我给这个节目做了翻天覆地的改变。从节目的片头设计到主持节目的方式，再到选的歌曲，我彻底做了改版，甚至连自己的名字都改成了“杨洁”。

尽管是在区台，但我觉得这里很自由，给了我极大的空间去施展自己的能力。一小时的节目里，除了播读听众来信，我还能表达自己的观点。起初，我做这个节目的时候自我感觉良好，觉得水平甩自己之前的表现几条街。可是你要知道，当听众已经听惯了一档节目的风格，现在要适应新的风格，这是需要时间的。所以一开始的“杨洁”并不受欢迎，甚至还有听众要求我把节目还给原来的主持人。

有过几次参赛经历的我，心也变大了，因为我深知，做这一行必须经得起各种考验，其中就包括听众直言不讳地表达“不喜欢你”。

我的淡定、成熟似乎超越了当时的年龄，我甚至会跟听众在节目里探讨“不喜欢我的理由”。信，都是滞后的，一开始所有的来信都是写给男主播的，大概过了一周之后，我陆续收到了来信。

2006年，在市级电台做节目时主播与听众互动的方式主要是短信。我当时也做过一档深夜节目，是和听众通过邮件进行交流。新浪博客在那个时候很流行，我也很应景地为松江电台的节目开了个博客。不过，收到实体的信件后，我还是很感动。

后来，我极具感染力和亲和力的主持风格迅速吸引了不少粉丝，来信写着“杨洁收”的信件越来越多、越堆越高。因为每周只去一次，有时信件可以堆到有我半个人那么高，毫不夸张。多数听众都是外来务工人员，想通过节目为老乡或好友点歌送祝福。

也有一些特殊的人群，比如我就收到过一封来自监狱服刑人员的信。他对我讲述了自己的经历并忏悔，我在节目里花了很多时间跟他交流。只可惜，我后来再也没有收到他的来信。来信中也有因追星而迷失自己的少女，她假装白血病病人，想要让我帮她与自己的偶像见一面，最后我在节目里当场把她揭穿了。

现在想起来，这些点点滴滴非常珍贵。由于信件太多，我在一周三个小时的节目时间里根本没办法念完所有的内容。那时，我还要兼顾市台的活动，播新闻、做地面活动、采访艺人，每周还有一档深夜的周播节目，工作量一点都不少。但我每天都过得很充实，除了在台里，就是在自家的录音棚里。家里的录制设备比电台里更先进，那个“工作室”陪我度过了人生中第一个低谷。

后来，我在《歌声传情》节目里招了一个助理，专门来帮我拆信，并且帮我把重点都圈出来。这样一来，我读来信的效率就高了很多，也能够在一期节目里读到更多听众的信件了。每期节目，我还会腾出三五分钟制作一个“心情故事”，从文案、播读到制作全部由我一个人完成。我非常享受这个环节，这是我最想表达的内容。要知道在之后很长一段做节目的时间里，你可能都只能选择“命题作文”。

所以，感谢那个美好的时代，我可以说自己想说的话，可以播自己最爱的音乐。

在做这档节目四个多月后，恰逢该节目一年一度的主持人听众见面会，我主动要求做这次活动的策划人，尽管松江这个地方我并不熟悉，但我觉得如果能策划好，将给自己加分不少。

以前的见面会都是在文化馆的活动室之类的地方举行，像座谈会，能来的听众非常有限。而我的想法比较前卫大胆，我想在松江当时最红、最大的迪斯科舞厅做这个活动，我要把能请来的听众全部请来。没有经费，没有熟人，我自己打电话给当时最红的迪斯科舞厅，告诉舞厅的负责人我想在白天租用他们的场地，不影响他们晚上正常营业，并且可以用电台的广告和他们置换场地费用，当时的联系人答应了。广告文案我自己写，广告配音我自己来，那时候领导全力支持我，广告当然可以随便播。在做节目短短五个月的时间里，我的粉丝群体迅速成长壮大，那次见面会报名的听众人数非常多。

见面会的那一天，我把我爸爸也请去了。我想让他看看，我如今也是很有号召力和凝聚力的主持人了。爸爸还清晰地记得带着我去参加他组织策划的粉丝见面会的场景，而一转眼，我就长大成人了。那天，爸爸的预期可能并没有那么好，可走进舞厅的一瞬间，他便震惊了。舞厅里挤满了人，估摸有两三百个，除了松江本地的，还有从浙江赶过来的。这些听众真的是每天都会听我的声音、隔段时间就会给我写信的人。

爸爸很欣慰，觉得女儿无论是在播音还是策划方面都有很强的能力。他一直强调，电台主持人，不能只坐在话筒前，还要站在更大的舞台上，也要能在幕后做总指挥。那一场活动证明了我的能力，也让当年松江台的领导和前辈们对我刮目相看。

3. 鸡头凤尾的无聊选择

当我为自己选择单位的时候，我把那场选择命名为“甘作鸡头还是宁做凤尾”。其实这个比喻一点都不恰当，但我实在找不到能让大家更易于理解的比喻了。值得一提的是，我在松江台优异的表现，博得了台领导的好感。

在实习期不到一年的时候，他们同意让我转正，事业编制待遇，中级职称，六位数年薪。除了离家远一点以外，这份工作在当时真的属于活少钱多的典范了。爸爸也觉得条件很诱人，他认为如果做得还算开心就可以考虑留下来。尽管内心还是多少有些不甘心，但对择业道路万分坎坷的我来说，这是让我安定下来的最佳方式。

我其实挺喜欢松江的，它有着“上海之根”的美誉，从我家开车到松江人民广播电台，路程正好30公里。电台在老城区，我每次上传完节目都会去新区走走看看，那里有按照英国小镇风格开发的“泰晤士小镇”，街边的咖啡馆有着英伦小岛的旖旎与浪漫，教堂、书店、剧院等无不透出英式风格的优雅。那里还有闻名全国的松江大学城，我当时有个“老板梦”，决定一旦成为松江电台的正式员工后，就在松江大学城附近开一家小吃店或服装店。

之后，我也顺理成章地参加了松江文广局组织的考试。可是就在我考试的前一天，我接到通知，让我去上海文广传媒集团进行面试。我的脑子嗡嗡一响，不是说不招人吗？幸福怎么来得如此突然？可是最令人崩溃的是，两场考试在同一天。是的，同一天，两地之间的距离有近50公里。我想，在还没有经历过任何一场考试的前提下，我两者都不能放弃。

松江台的笔试是在上午，上海台的面试是在下午，从上一个地方赶往下一个地方，开车的时间预计在50分钟到1个小时。我不停往回推算时间，要同时参加两场考试，只有一种可能，那就是提前交卷。在松江台考试时，我那真的叫奋笔疾书，在保证正确率的前提下，我还要不断为自己争取时间。考试之后我掐着点，交了卷，立马赶往威海路的上视大厦。好在两边都赶上了，而且两边的成绩都过关了。

现在，选择题真正摆在了我的面前，到底是去市台还是去区台？我内心的天平一定是倾向市台的。毕竟爸爸曾经在那里工作过很多年，我也觉得在那么多的频率里，我跟FM103.7的气质是最吻合的。可是，这个平台上已经有这么多前辈，我对去了能做什么节目、如何施展自己全然不知。

还有很重要的一点，如果放弃松江台，我该怎么和培养我、信任我、给我足够空间的松江台的领导和老师们交代呢？

我不知道大家在择业的道路上有没有遇到过类似的情况，如果一个地方充满了挑战，另一个地方舒适安逸，我相信绝大多数女生可能会选择后者。而我考虑再三，终于坚定了自己的想法，毅然选择了挑战。

终于，我收到了上海文广新闻传媒集团的入职通知书。为了这一纸入职通知书，我一直都在奋斗。总结经验，我觉得自己身上最宝贵的优点是“坚持”。很多时候，再大的兴趣，过了激情期就会令人感到乏味，而我身上一直都有一股不服输的劲儿。另外，你得耐得住寂寞，也要耐得住生活中的起伏。

我是一个从小特别缺爱的孩子，爸爸妈妈在我两岁的时候，就把我送去托儿所全托。一直到小学三年级，我才回到爸妈的身边一起生活。但由于爸爸妈妈工作忙，一般我每天能看到妈妈一次，一周才能看到爸爸一两次。我觉得爸爸妈妈的教育理念非常先锋，在20世纪90年代初，我一个人挤公交车去上学，每天起床后自己洗漱、自己坐车，可能到了学校，他们俩都还没起床。

我一直和很多人说，我爸妈的教育理念非常冒险。他们的行为可能让一个孩子就此堕落，也可能让一个孩子自强不息。谢天谢地，我是那个后者，我觉得我一直以来那股不服输的劲儿，就是从小培养出来的。我爸现在还跟我开玩笑说："该让你女儿也全托，你看你的自理能力就是我培养出来的。"可是，我觉得我的童年是黑白的，所以我想用尽全力将所有的爱给我女儿。

记得第一次名正言顺走进市台办公室的那一刻，尽管一切都熟悉得不能再熟悉，但我还是把办公桌重新布置成更温馨的样子，放上自己喜欢的照片、粉色的花朵以及Hello Kitty的鼠标、键盘。当领导第一次在部务会上郑重宣布我正式加入FM103.7的那一刻，我感觉眼眶里有热泪涌出。

我在FM103.7独立主持的第一档节目叫《周末的午夜》，原本是一档只播歌曲的编排节目，领导为了让我练手，把那个时段彻底开放给我。这是一档从来没有人做过的节目，没有任何参照，我当时问领导对节目主持和内容有什么要求，他的回答是："只要导向正确，你想说什么就说什么，你想怎么做就怎么做。"

凭着女性的直觉，我把这档节目活生生变成了一档午夜情感类的节目。我用低沉而略带性感的嗓音，播播情歌，念念短小的情感故事。在那个香烟味终年散不掉的录音棚里，我开始了自己的第一档独立制作、主持的节目。这档节目也从当时没有收听率，变成有了收听率。同时也因为这档自己独立主持的节目，我结识了不少听了我节目整整十年的粉丝。

我永远不会忘记，自己在这档节目里播放的第一首歌曲，正是王菲的《你快乐所以我快乐》。

我曾经想象过很多种当梦想到来时我的迎接方式，而我最后却用了一种最平静的方式。人生就是这样，即使昨天你满身都是泥泞，你还得起身继续前行，并祈祷雨过天晴。而就算幸运之神始终眷顾你，你也有可能会有把运气用完的那一天。

人生中有很多关卡，我只是顺利度过了第一个大关。就如同华丽丽拉开帷幕的那一刻，你获得了无数掌声，但你也不确定是否能顺利演到剧终。所以，平静地去面对也许是最好的态度。

4. 做新人的日子天天被骂

我在人生的很多阶段都做过新人，比如每进入一所新的学校，每去到一个新的工作单位，每接到一项全新的任务。

不知道为什么，我给许多人的第一印象都是“高冷”“难接触”“不愿交流”。一般在陌生的场合很少会有人主动跟我交流，特别是同性。可能是自己无形中散发出的某种气场，让人觉得难以接近。后来我发现，当自己字正腔圆地认真教育女儿的时候，哪怕我根本没发脾气，但多数人也都认为我的语气像极了“后妈”。我觉得，全世界都误会我了。

在生活中，我用标准的普通话和端正的语音面貌说出来的每一句话都很有威慑力。可能这也是自己第一次见面就会给人“拒人千里之外”感觉的原因吧。

我在松江人民广播电台做新人的时候，可谓是如鱼得水。当时听众喜欢，领导认可，这给了我足够的空间去展示自己。而当我到SMG（上海东方传媒集团有限公司，原上海文广新闻传媒集团）入职后，当时的领导居然让我做了一档全频率时段最好、收听率最高的节目。这档早高峰节目历史悠久，在不同时期，它的节目名称不同，主持人也发生了不少变化。

但必须肯定的是，早高峰节目永远是锻炼新人的最好舞台。就如同各位在做新人的时候，一定想去那个效益最好、工作强度最大的部门。因为在那个最能体现能力的岗位上，你付出的所有能量和智慧都会得到回报，只要你能胜任，这必定是一个最快速的能证明自己的方式。我一直是个喜欢接受挑战、知难而上的人，至今我都非常感谢在我做新人之初就有这样一个接受挑战的机会。

全频率广告创收最好、收听率最好的节目也等同于压力最大的节目。我在感恩的同时，心里也有巨大的压力。这档节目叫《早安新发现》，也是我之后做了近十二年的节目。在我接手这档节目之前，负责的是一男一女两位主持人。因为当时的女主持被调离到其他频率，于是我去接替她。就这样，我和原本那位资历最深的男主持组成了新的搭档，开始了我人生的双人档主播生涯。

双人档讲求的是两个人之间的默契。在什么时候接对方的话，怎么接，甚至接完话该怎么还给搭档，这其中的每一个细节都需要双方的配合。好在我当时遇到了一位业务上刻苦钻研、要求上进的搭档，他给了我很多的鼓舞。其实，2007 年开始接棒《早安新发现》节目的时候，我也算是有经验、有基础的主持人了，只是直播节目对于我的考验远远超出了我自己的想象。更何况，我当时是去接替另一位主持人的，听众心里一定会有比较。

我清楚地记得，第一次上直播的时候，我的搭档选了一首左麟右李的《总有你鼓励》作为开场曲。早上两个小时的直播节目强度很大，当时我除了做主持人之外，还要编辑新闻，甚至需要奔到另一个房间去接听众的电话。如此忙乱的早间，我给自己定的目标是，直播时不紧张、不出错就好。至于“说的话是否精彩、是否有营养”这些更高的要求，我已经没有能力去驾驭了。

我的搭档一直善于站在我的立场考虑问题，在关话筒的时候，我们会把下一个“开口”分工好。可是，早间节目的强度需要快速动脑，但凡我在接话的时候有一点点停顿的空隙，都会被无限放大。如果对方给我话口，我没有立马接上，那么很有可能我就没有机会说话了。说得直白一点，早间节目就是在高密度的对话当中抢话说，抢不到则意味着我就是个“装饰”。

主持这档收听率极高的节目，我们每天都会收到很多听众的短信。多数听众还是宽容的，但也有不少听众会用过激的语气来攻击我。初来乍到的我，内心受到了不小的打击。尽管搭档一直在安抚我的情绪，可是我真的觉得自己好失败，甚至开始质疑自己有没有能力驾驭这档重点节目。不过，在层层打击下，我并没有放弃自己，而是尽全力让自己振作起来，做到更好。

当时的领导层和我们的节目组经常一起进行“头脑风暴”，我们多数人觉得男主持要博学多才，女主持要亲和可爱，应该有准确的“人设”。不过最后，我们决定让男主持原本像教授般的人物性格转变为跟我的气质更吻合一些的性格，于是，他就从“张老师”变成了“张同学”。说实话，我很感谢他的转变，因为他的让步，我们两个人的风格变得更为融洽。

的确，不是每一位职场新人都会遇到这么优秀的良师益友，入台这么久，我也见证了除自己以外的很多新人的成长。新人们的性格也各不相同，无论你在家里是“公主”还是“王子”，在工作单位必须摆正自己的位子。嘴巴甜一点总没错，我们这种单位习惯性叫前辈们“老师”，在做新人的时候我看到谁都叫一声“老师”，哪怕是同龄人，只要他资历比我深。

最后切记，谦虚有礼貌的人永远是最受欢迎的，它一定是你职场道路上的阳光和氧气，让你成长得更快、更健康。

每个人都是从新人过来的，做新人的日子尽管事情好似忙不完，但大多情况下我还是很乐此不疲的。每一张同事的面孔都很新鲜，每一桩新的任务都会让我充满动力。我们免不了要帮忙订外卖、拿快递、帮忙去开会、被培训。而我在新人时期干的最频繁的事情竟然是代班。

每个主播都有自己的一亩田地，而那亩田就是每天两个小时的直播节目。但凡有同事家中有了突发状况或者请了病假，那一定就得新人去顶上。

做新人的日子，我几乎代过除了“深夜节目”以外的所有节目类型。说真的，我觉得这是一个锻炼新人的绝佳方式，你可以清楚地知道不同时段听众的需求，你可以切身感受到听众的反应。做早间节目时，你会发现直播室里无论是电话还是短信，抑或是后来的微信都是“狂轰滥炸”。而非黄金时段的听众则过分冷静，即使你已播报了很多次互动的方式也鲜有人跟你互动。如今大家已经不再像我们儿时那样，定时捧着收音机听节目，也很少有人会定点定时锁定一档广播节目，更多的听众是在私家车或出租车上收听。

大家收听的时间、时长都各不相同，所以除了早晚高峰时段的节目以外，我们把其他时段都叫作“伴随时段”，内容比较碎片化。所以，习惯依托听众互动来撑起整档节目的我，在代其他节目班的时候就需要多展现个性，也需要在紧凑的时间里更快速地发表个人的观点。

如果你是个做事效率不低的新人，那么恭喜你，接下来的大小事情会毫不客气地扑面而来。我是一个急性子，领导如果给我安排一件周五前要完成的事情，我一般周三前就完成了。我从学生时代起就开始养成这种习惯，暑假作业都是在放假第一周全部做好，然后再安安心心去玩。可是在职场就不一样了，往往能者多劳，效率一高，你的事情就会越来越多。

我至今非常享受工作带给我的乐趣。在做新人的时候，我比任何人都珍惜这个来之不易的岗位，所以，对于上司交代的任务我根本不会拒绝。我也就这样高强度地工作了许多年，直到我后来怀孕有了状况，需要卧床休息。

那天一位前辈告诉我，我不在的日子里有四个同事分担了我的工作。我当时问了她两遍：“几个人？”她回答：“四个。”原来我之前每周的节目播出时间量是十八个小时，全频率第一。其中有一档节目，从统筹艺人到接送艺人、给艺人买饭、带艺人排练、主持节目甚至到剪辑、制作节目都是我一个人。每周两个小时的成品节目，我可能需要花七到八个小时，甚至更长的时间去完成。除了日常的节目之外，频率的滚动单元、地面大型活动以及全频率最重要的对内、对外的任务全都由我一个人负责。

当时我的感受就是，如果给我一个支点，我能撑起整个频率。所以，在当时每月考核的起评分是100分的前提下，我的分数是136分。你看，难度系数够高吧。

前不久，我和我们节目组最年轻的同事一起下了直播，之后又开了足足四个小时的会议。开会间隙，上厕所的时候，我看到她一个人止不住地痛哭起来。我上前抱着她，她委屈地说："接着还要做五六个小时的节目，想到就很崩溃。"那一刻，我忽然想到了自己做新人的时候，眼泪也止不住流了下来。

记得我做新人的时候，唯一一次落泪的经历是为了寻求公平、公正。我第一次在宽敞的办公室里哭着跟领导说："如果其他同事都来上班，那我就来！"这种委屈不是自己消极怠工，我只是在寻求一视同仁。

后来，我给节目组的新同事发了很长的消息。我告诉她，每个新人都会经历这个漫长的过程。如果你好强是为了证明你的能力，那你就必须一路强下去，你会很苦很累，但光环也会是你的。当然你也可以选择示弱，对其他的一切不闻不问，那你会很舒服很安逸，但你想一想，你的人生追求到底是什么？

人，不是活给别人看的，而是为了给自己争一口气。我到现在都觉得自己是劳碌命，事业上努力打拼，家里还有一堆事要操心，但是我依旧很快乐。那是在高压下做出高效率成果而产生的成就感。

感谢从新人阶段一路扶持我至今的每一个人。因为有你们，我才一步步成为那个更好的我。

5. 拿到奖 VS 得不到

工作后的很多年里，我还时常梦到自己专业考试考不好，坐在琴凳上连音阶都弹不出，声音考试的时候发现自己一句意大利歌词都背不出。这样的噩梦一直循环反复，在自己工作压力大的时候更加频繁。有时候我一夜没睡好，起床后又反而会格外清醒。

很多人说，我的脑电波过于活跃，可是做我们这行，不活跃就等同于随时可能没了饭碗。

其实我从小到大最不喜欢比赛，我觉得比赛是一件很残酷的事情。尽管我是一个好胜心很强的人，但我依然觉得通过比赛来决定命运很不科学。从小到大，我主动参加的比赛很少，几乎都是被动的。

我记得我在小学时，参加过小青蛙故事大赛，但只进入到了复赛而已。后来我女儿也去参赛，成绩却比我好。中学时期，我做了文艺委员，组织同学们排练集体舞，最后拿了第二名。回报是老师破例请了全班同学每人吃一个冰淇淋。再后来，可能就是参加“明日之星”的选拔赛了。

可是，几乎每个行当都会有各种技能的考试，每年公司还会想尽办法评一个“优秀”或者“先进”之类的。我们这行也同样如此，入职不久，我的节目组就被要求参评“十大金牌栏目”。全广播公司好的节目、有影响力的节目实在太多了，如何能选出“十大”，一定得有个参评标准。42 档优秀节目入选，最后将通过受众影响力、收听竞争力、专业公信力等多个维度对每档节目综合打分。

在接受了数千封来信和上百万份网络投票，以及两个多月的专家评审后，我所主持的《早安新发现》节目获得了“十大金牌栏目”榜首的好成绩。在做《早安新发现》第五年的时候，我收获了最多的掌声和荣誉，但说实话，我觉得功劳属于我的搭档。他对节目付出的心血、做事的专业度都比我更值得拥有这份荣誉。

当时，获奖的每个节目组的海报，都会出现在上海最热闹的地铁站里。最有意思的是，除了我所主持的《早安新发现》以外，我爸爸当年主持的《星期戏曲广播会》也获得了“十大金牌栏目”殊荣。经常有朋友在坐地铁的时候，先发我的照片给我，没走几步，又看到我爸爸的照片。这件事，也让爸爸津津乐道。

这个评选刚刚过去一年后，我们公司又举办了一次“十大声音榜样”的评选活动。那次评选的不是优秀节目，而是优秀个人。论资历，我入职不过六年多的时间，那些参评的前辈，很多都是从小看着我长大的叔叔、阿姨。所以，那次评选让我感觉有些许的压抑和不适。虽然我从来没有奢望过拿奖，但我做任何事情都认真、努力。既然参评了，那就尽力做到最好，不让自己留有遗憾。

回想当时的评选阶段，最让我觉得如噩梦般的，就是网络投票。每一个主持人都有一个投票链接，你的票数在不断刷新着，是高是低，一目了然。有时候睡一觉起床，你的排名就落到了最后几位，你都不知道半夜里究竟发生了些什么。

离评选结果揭晓的日子越来越近，公司的气氛也变得异常紧张，同事们表面上都笑容可掬、不动声色，但感觉背后都充满了杀气。我对自己说：我何德何能，做上主播已经实现了自己人生最大的梦想了，其他的荣誉、奖项都是附属品。有时候，你看得越淡，反而会收到意外惊喜。

2014 年初，在颁奖前的几天，办公室里的人要我准备演讲时要用到的照片。后来我知道，我应该有戏了。

不到两年的时间，我陆续收获了“十大金牌栏目”和“十大声音榜样”称号，这是对我业务能力的一次莫大肯定，也给了我无限动力，让我继续努力。并且从那以后，我就开始不再害怕比赛了。集团、公司里只要有比赛，我都会第一时间积极报名参赛。之后，我也得到了不少台级、集团级的荣誉。我始终觉得这是对自己的一种鞭策。

之后，整个广播、电视开始评选SMG的“名、优、新”主持人，我也有幸两次入围“新人”环节。后来我才知道，所谓“入围”就已经经过领导层的几轮筛选了，能代表广播“出战”已经属于自带光环。记得第一次入围的那个颁奖盛典，每位“新人”都需要找一位搭档完成以“在一起”为主题的一分钟表演，形式不限。有的人找来同事做脱口秀，有的人找来艺人合唱歌曲，我思索了很久，觉得我应该找自己的父亲，一起完成一次诗朗诵。

有一年，爸爸在自己生日的时候给我发了一条短信，内容大致是：“从艺四十多年，我最优秀的作品不是《中美联合公报》，不是《吕梁英雄传》，不是《星期广播音乐会》，也不是《星期戏曲广播会》，而是杨永清。”当时看到这条短信的时候，我热泪盈眶，爸爸发自内心的自豪感让我觉得热血沸腾。

那天晚上，我火速写了一篇朗诵稿，题目为《广播之声，代代相传》。

颁奖盛典的导演非常喜欢我们这个节目，于是叫我和爸爸压轴。不巧的是，在演出的前一天，爸爸突发心脏病住院了。可是，爸爸非常珍惜每一次上台的机会，他也深知这个比赛对我而言是多么重要。在演出开始前一小时，他请求护士拔掉他的静脉注射针管，毅然决然地要求陪我演出。我几乎是一路哭着开车把爸爸送到目的地的，一边是心疼爸爸，一边是满满的感动。

尽管最后我并没有得到那个“新人”奖项，但我收获了比奖项更重要的东西——亲情。我一直说，爸妈从小不太爱管我，可爸爸总在人生最关键的时刻义无反顾地帮助我、提点我。这是两代人对广播的执着，也是两代人对电波的迷恋。

辑三

我爱工作，也想平衡生活

1. 被上“热搜”后

入行伊始，我有幸做了全频率最红的一档节目，收听率很高，自身的压力也很大。除了做新人时被一些听众言语中伤以外，其余时间我都算得上顺风顺水。

可有一天，我如平常一样上节目，很顺利地完成了两个小时的直播。一切都没有任何异样，但奇怪的事就在我下了直播后 1 个小时左右发生了。而且，事件发酵速度之快、之狠，我的感觉简直可以用“错愕”来形容。

那时候的互联网尽管已经很发达了，但还停留在 BBS 的年代，不像如今的微博“热搜”、微信转发那么迅速。可就在如此平淡无奇的一天，我却上了当时的“热搜”。

MSN 上像爆炸了一样，不停有人问我发生了什么。而这一切的始作俑者是一个参与我当天直播的听众，她对参与节目之后没有获胜感觉不爽，便在当时上海最红的网站发文，标题为《上海某女主播侮辱听众》。

“侮辱”这个词太博眼球了，几分钟后该文章点击率就破百万，更有不少网站纷纷转载。我点进去仔细一看，那个“侮辱”听众的女主播分明就是我，节目名称与我的名字清晰可见。

我当时整个人都懵了，第一反应就是回听节目，我非常仔细、认真地听了我和这位听众的每一句对话。这位女听众是报名来参加一个歌曲接唱环节的，当天是陈绮贞专场。游戏规则很简单，我播歌的过程中，随时会停顿，然后请听众接唱下一句，接唱成功就可以拿走我们的奖品。

那位女听众尽管接上了，但她却是把那一句歌用口白的方式念出来的。我当时觉得，为了保证一档节目的质量，必须得公平。如果一个人在网上搜一下歌词，直接念出来就能得奖的话，那岂不是对其他听众不公平？于是我问这位女听众：“你能把这句歌词唱出来吗？”她表示不可以。之后，倒是我的搭档说了几句，大致意思是听众来参加节目需要认真、严肃，而不应是这样的态度。随后，对方就匆匆挂了电话。

整个对话过程中，主持人和听众之间没有任何冲突。而我感觉这位听众只是有点内向，在直播过程中也没表现出任何不满，我和搭档的言辞也绝对不能和“侮辱”联系到一起。

多么可怕。她因为个人的不满，就肆意在网络上发泄自己的情绪。我在明，她在暗，尽管我有她的联系方式，但那个时候年轻的我，并没有选择跟她对峙，而是第一时间与网站联系，希望他们删帖。可网站方面应该是觉得阅读量相当不错，并没有答应我的删帖要求。

整个上午，我的神经都处于崩溃边缘，看到别人给我打电话或者发消息就会特别焦躁。

后来，事态持续发酵。我感觉当时全世界只有我比较紧张，我的搭档毕竟是经历过大场面的，像没事一样，当然，那篇帖子确实跟他没有丝毫关系。我几度崩溃落泪，心中满是委屈。最可怜的是，我都找不到任何可以解决问题的办法。

我最害怕的是，事情如果愈演愈烈，会不会有人到我工作的地方围堵我，我的人身安全也会受到威胁。在向多方请求帮助无果后，我当时的分管领导出现了。他的反应跟我想象的截然不同，他知道是对方断章取义，他说他早上听节目了，他肯定我没问题。

我说：“可是我要求删帖，没人理我。”领导却说：“这是一个很好的宣传啊，尽管内容不够积极，但有时候负面新闻更容易引发争议和传播，这样一来，明天会有很多人慕名来听你的节目，也能近距离知道你到底是个怎么样的人。”

听到这里，我惊呆了，姜真的是老的辣。是啊！我又没做错事情，干什么急得团团转？你是“毒舌”主播还是知性主播，别人一听就听得出，这时候我才懂得什么叫“清者自清”。在使自己的内心变得更强大的道路上，我又迈出了坚实的一步。我告诉自己，不许上网。

我相信有些人一定和我做过一样的事：在百度上搜索自己的名字。那段时间，我告诫自己的话并没有兑现，下班回家后我总是忍不住，隔一段时间就去搜索，想看看那篇文章有没有被删掉。然而，我发现底下的评论已经高达几千条，有骂得过瘾的“键盘侠”，也有帮我说话的好心人。我每一条都仔细翻看，那一晚，我几乎陪着帖子一起更新，一起发呆，整整一晚都没有入睡。

第二天，清晨的上海空气很湿润，东方泛着一点绯红。5 点 40 分，这是我每天起床工作的时间。无论昨天有多少口水战，它已经过去，我要把自己从虚拟的网络世界里唤醒，认真在直播室里说好每一句话，这才是我要做的。领导不是也说了吗？今天会有很多人“慕名”来听我这个喜欢“侮辱”人的女主播的节目。

我应该将更多的激情和能量注入全新一期的节目中。

其实，很多时候，网络事件来得快，去得也快。这件事情除了当时给我在网络上留下臭名昭著的印象和当晚的失眠以外，没有更多的负面影响。身正不怕影子斜，有时候多一些底气反而能让自己更好地站稳脚跟。

而通过这次事件，我也迅速地成长、强大。

2. 自信地出场

在进台后的很长一段时间里，我和爸爸在单位里就是纯粹的同事关系。

爸爸是个很懂得避嫌的人，他并没有找一个与自己关系最好的领导打招呼，而是让我去一个最适合自己的频率做实习生。从最开始的选拔赛到最后留下来做主持人，我基本是靠自己的努力。

我们会一起参加培训，一起进行业务切磋，一起开会，甚至一起拿奖。他在戏曲台，我在音乐台，我们平时在公开场合见面的机会并不多。爸爸眼睛不太好，经常会把我认错，久而久之，我就不太会在公开场合主动叫他爸爸了。

即使我们在各方面都做到尽善尽美，可是流言蜚语依然接踵而来。

有一天，爸爸闷闷不乐地对我说，他们办公室一位资历很深的老同志曾在公开场合说："杨永清有什么了不起，她进电台全靠她爸爸。"这位老同志，平时看到我时总是嘘寒问暖，因为电台大多数老同志都是看着我长大的。即使我能叫他"老伯伯"，但我还是喜欢叫他某某老师，更能表示尊重。

即使知道他这番话的意思，日后见到他时，我还是笑脸相迎。那时，我心里暗暗想：我一定要活得特别优秀，给他看看。

每年的节目评奖，我习惯性地在简历里写自己是广播第二代。甚至在有一期节目里，我直接把爸爸的身份向听众交代了，并把和爸爸的录音一起放到节目里。因为自己是当事人，听起来只觉满满的感动和爱意，可是外人并不一定会欣赏。就如同某些天天在朋友圈晒娃的妈妈，她们可能根本不知道有多少人选择了不看她的朋友圈。

几次评选落榜后，我心里特别失落，一位前辈善意地告诉我："做评奖节目，不要提爸爸，得自己自信地出场。”

我这才恍然大悟！

初入职场，自己还是太年轻了，思考问题的方式太单纯。我是一个性格耿直的人，可在工作环境里，人必须调整自己，从心态到脾气，每做一件事都要提前想想可能导致的后果。我曾天真地以为自己爸爸是名主持人，这是件特别令人自豪和光荣的事，曾以为和爸爸一起并肩作战会振奋人心。可是，人心很复杂，别人不见得有恶意，但不可避免地或许会带着一点偏见来看你。

因为爸爸是主持人，所以对我而言，个人的努力和付出有可能被淡化，个人所取得的一切成绩都可能被看成是理所当然。

直到多年后，当别人介绍我爸爸的描述变成了“这位是杨永清的爸爸”时，那些闲言碎语才得以停歇。有时候，你必须要有为自己争一口气的决心，用实力来证明自己。同时，我也想谢谢那些曾经打击过我的人，你们的质疑成了我前进路上最好的动力。

3. “主持”自己的婚礼

之前，我曾在网上看到很多关于我老公的传说。有说他身价几个亿的，有说他是我们集团高层的。而其实，他就是我的一个普通同事，我在 13 楼工作，他在 16 楼，拿着跟我差不多的工资，跟“亿”沾不上边，而我们的工作几乎每天都会有交集。

我们认识应该超过 16 年了，但对于我年轻的生命来讲，我跟他相处的时间还有很长。那年我只有 19 岁，读大二，在电台打杂，觉得他长得有点像《流星花园》里的西门，于是问来了他的电话。

是的，你没看错，是我要的他的电话。

那时候，我觉得我们有很多的相似之处，用同一款手机，听差不多类型的歌曲。那个年纪，想要谈个恋爱，十分纯粹，还没有想到谈婚论嫁。从我们认识到结婚的七年间，发生了太多的事情，亲人的离去，工作的变动，各种棘手事件。我一直觉得我经历了比同龄人更多的“灾难”，但好在，我都挺过来了，在过了恋爱的“七年之痒”后，我们还爱着。那一年，我们决定结婚。

说得再直白一点，我当时是想要一个孩子。我俩在一样的工作环境里，共享着相同的交际圈，有时候会觉得彼此少了点新鲜感，准确地说，我们更像亲人或者同事。决定结婚的那年，是我入行第三年，我真的算我们全台结婚早的女性了。在彼此工作压力还没有那么大的时期，选择筹备婚礼，至少我们都还能匀一点时间留给这件人生大事。

尽管工作时间不长，可我这个人有着省吃俭用的习惯，于是也存了一笔钱。我先生的钱拿来装修新房，我的钱用来买家电。我清楚地记得，我俩为了省钱，每一块地砖都要亲自去讨价还价。买一只马桶时，为了便宜 50 块钱，我们不要物流配送，自己搬回家。那次装修过后，我们一人发了一场高烧，感觉整个人都脱胎换骨了。

也许这就是成长吧。25 岁的年纪，人生第一次装修房子，天天灰头土脸，在新房一待就是一整天。没有主持人的光环，没有新娘待嫁时的娇嗔，我坚持每天去新房打卡，直到一件件家具摆进房间里，两人瘫软在沙发上。

筹备婚礼的时候也一样，从拍婚纱照到设计和发请柬，从试礼服到联系婚庆公司，甚至是挑选喜糖的包装盒，我们都亲力亲为。我清楚地记得，我在婚礼彩排当天更像一个女导演，穿着不是很合身的婚纱，一边对着灯光喊：“这个追光不对啊，先打水晶鞋，再打新娘好吗？”一边对着音控台喊：“音乐能不能衔接得紧凑一点？”是的，我跟先生两个人就是婚礼的工作人员，我没有一丁点做新娘的矜持和兴奋。

当年为了省钱，我俩包揽了大大小小的许多事情，以至于婚礼既不神秘，也不浪漫。一切都是为了举办而举办，最遗憾的是，我穿上婚纱的那一天，居然是截至目前我的“人生巅峰胖”，现在看着照片，我真的很佩服自己当年的勇气。别人都希望在婚礼上呈现最美的自己，而我的那一天，则是肥胖的凸显。

一起生活了那么多年，他是一个很好的执行者，不过缺点就是创意和心意少了一些。恋爱的时候我偶尔会觉得没劲，不过现在想来，他真的很适合一起过日子。他最大的优点是有着惊人的意志力，不知道这是不是要感谢下他的星座——处女座。

我做《早安新发现》超过十年，他几乎跟我一起每天5点半起床，甚至每天他还会提前先起来洗澡、吃饭，然后再叫我起床。一开始是为了送我，到后来，这已经变成了他的习惯。这直接导致了周末我还能睡到十点或十一点，而他自然醒的时间仍在七点左右。他一直笑说感觉睡觉很浪费生命，其实我知道，他因为我彻底改变了自己的生物钟。

我们 2009 年结婚，有了自己的小家。可是，我是一个闲不住的人，每到周末总是天南地北地跑。所以结婚后的几年里，我们家的厨房都是个摆设，钟点工阿姨来打扫卫生，可以完全忽略我家的厨房。在我家有这样一个特例，我是完全不进厨房的，偶尔进去也就洗洗碗，因为童年时险些被油溅到眼睛里而蒙上了阴影，于是再也不愿意学习烹饪。

从我怀孕的那天起，我先生就决定自己下厨，尽量不吃方便食品或者饭店里的食物。可能是激素水平的变化导致孕妇特别容易饿，嘴还特别馋，我会忽然想吃这个，又突然想吃那个。而我的先生几乎有求必应，在很长一段时间里，我们都习惯性地叫他“周大厨”。从中式的椒麻鸡、油爆虾、三杯肥肠到西式的罗宋汤、红酒烩牛尾、白葡萄酒青口贝，再到提拉米苏、巧克力慕斯、核桃布朗尼。每天我的菜单都会变，想吃什么就有什么。

一度，我还替“周大厨”打造了自己的品牌，从 logo 到包装、配送、财务都是我负责。当然最重要的生产线就是“周大厨”一个人，那时候卖得最好的产品就是核桃布朗尼，几乎每天都断货。大约持续了三个月，周大厨的店就没再继续经营了，原因是我们“夫妻店”的产能实在不行。本来也不太赚钱，所以我们就显得有点力不从心。当时还没有闪送，也没有微店的概念，我开着车满上海送货，只为了几片布朗尼。现在想想，那种“创业”的热情还是很美好的。

曾经有人问：外面的世界那么大，你为何偏要吃“窝边草”？我想，我大概是受了自己父母的影响吧。我的爸爸妈妈都是电台的职工，并且把整个职业生涯都奉献给了广播事业。小时候，我时常在 11 楼妈妈的办公室里做作业，然后再去 8 楼爸爸的办公室看看能否邂逅明星艺人。夫妻俩都在广播、电视台工作的并不少见，甚至还有两人同在一线做主持人的。早年，大家经常会在广播大厦里听到某某和某某谈恋爱了的消息，我会下意识地觉得，他俩不谈恋爱，那该跟谁谈恋爱？那些天天在一起工作的男女主持人，日久生情，一点儿都不意外。但最终在一起的人并不多，就好比那些在荧幕上特别养眼的金童玉女，有多少在现实生活中走到了一起？更多的广播人，他们为人很低调，即使彼此是同事也很少谈及自己的私生活。

尽管我们的生活里少了一些惊喜和浪漫，但是能够坚持一件事情超过十年并怀有热情是非常值得肯定和骄傲的。我在抱怨处女座的他有各种毛病的时候，其实也清楚地看到了对方的优点。生活就是这样，即使像一杯开水，也可以通过柠檬或薄荷来调味，最关键的是，开水它一直都在。

4. 怀孕生下女儿，差点产后抑郁

做早班节目十多年，我每天 5 点半起床，年复一年的坚持，真的不是一件简单的事。从 23 岁的少女到后来 33 岁的人母，我几乎不能有夜生活，不能够睡懒觉。还记得读大学时，每当到了冬天需要晨练的日子我就特别难熬。我觉得，早起真的是非常磨炼一个人意志的事。

在那些天天不愿醒来的冬日早晨，我曾对自己说，一定要找个能睡到自然醒的工作。

其实我特别喜欢电台的午后节目，你既能够睡到自然醒，也能安心吃早餐，还有大把时间把自己打扮得美美的，并且不耽误你晚上的聚会。而对我这个特别怕冷的南方人来说，冬日里的午后显得弥足珍贵。我曾梦想过自己在冬日的午后，看着窗外温暖的阳光，播着自己喜欢的歌的美好场景。可是，等我到了工作岗位上，没曾想，自己却去了全频率最辛苦的早班节目组。

我不但没能睡到自然醒，并且比读书时还起得更早。

年轻的时候，我不觉得苦和累，只认为早间节目曝光率高，能锻炼人，于是义无反顾地选择投奔。可是，再年轻的躯体也会有惰性，特别是在冬日的早晨，起床似乎成了人生中最困难的事。我到现在还保持着起床后立马洗澡的习惯，这是我能够最快苏醒的方式。冬天不冷，夏天不热。可是，大冬天的，即使我鼓起勇气迅速出门，一路开到台里也必须亮着车灯，而直到坐在直播室里，天还没有亮。

在做早班节目的第二年，我结婚了，而在之后的两年里，我怀孕了。

相信所有公司的领导都对女员工怀孕这件事比较头疼，特别是对平时挑重担的女员工。怀孕的时候，我没把自己当成孕妇，仍旧上早班、吃烧烤、坐飞机，直到生下我的女儿。那段时间，我并不想因为怀孕而中止自己的工作。首先，我是个闲不住的人；其次，我觉得工作给我带来的快乐就是最好的胎教。于是，查出自己怀孕后，我一直没跟领导和同事说，直到有一天我发现自己“见红”了。

第一次怀孕，我没有一丁点经验，深夜去医院看急诊，医生告诉我，需要吃药保胎并且卧床休息。那一个月，我过得着实无聊，每天还会坚持听节目，时不时看看论坛，想知道我不在的日子里，听众有没有想我。反正，那段时间我的状态可以用三个字总结——瞎操心。

后来，刚休息了一个月，我实在在家待不住了，当天就和领导强烈表示自己想去上班。

是的，我耐不住寂寞，主动要求上班。不过平心而论，即使做早班节目真的很辛苦，但是我从中得到的满足感远大于我感受到的辛苦。看着肚子一天天大起来，我还是按照原来的作息，每天 5 点 40 分起床，自己开车去电台，出于照顾我，所有的会议都放到早上进行。中午我去娘家吃午饭，下午午睡好后就回自己家，老公做晚饭，或者我们一起去吃我想吃的东西。

在我整个怀孕期间，电台的同事们都很照顾我，除了早上的直播，其他的工作基本不让我负责。可是，由于我太能吃，差不多在怀孕八个月的时候，我的肚子看起来已相当大了。一天，一位女性领导看到我大着肚子下直播差一点就哭了。我知道她心疼我，可是不拘小节的我根本没觉得自己委屈，我还跟她说：“你看我走路，依旧健步如飞。”

我走路快，这在我们楼层是出名的，可是大家都没想到，怀孕近 9 个月、体重近 130 斤的我还那么灵活。

现在回忆起来，带着肚子里的宝宝一起上早班的日子，我只觉满满的幸福。记得怀孕 16 周时，我在南京有了第一次“胎动”，随后肚子里的女儿越来越活泼。她每天最活跃的时候，就是跟我一起上班时。听我播歌，也是她“胎动”最频繁的时候。到了孕晚期，只要一听到音乐，她就会“拳打脚踢”。

2012 年 2 月 19 日，我被推进产房后不到两小时就顺利产下了女儿。

做了母亲后，我十分渴望成为一个既能兼顾家庭又事业有成的女性。并且，我对自己充满了信心。

不过，初为人母的那段时间，可能是我最糟糕的日子。生产太过顺利，我几乎感觉不到疼痛，并且我幸运地不用开奶就有了母乳。在有孩子之前，我做事相对比较“粗放”，可有了孩子之后，我变得格外小心谨慎。

坐月子的那 30 天里，我没有看到过一缕阳光，冬天的上海本来就阴冷，再加上雨水不断，导致我的情绪非常不稳定。每天操心孩子喝饱了吗？睡着了吗？为什么又哭了？整个月子里，我完全没休息好，做什么都要亲力亲为。

月子会所离我工作的电台很近，每天都有一波一波的同事和朋友来看望我。每次，我都会激动不已地描述自己的生娃过程，一遍一遍，不厌其烦。于是，从坐月子的第三周起，我整个人极度不适，感觉有无数气体在体内游荡，它们到哪儿，哪儿就痛。于是，肋骨痛、肚子痛、胸痛频繁发生，本来听说剖腹产手术后不能说话，没想到顺产后也不能说话。我想，自己一定是说了太多的话，才导致了这样的结果。

尽管疼痛一直伴随着我，但我很坚强，出月子会所的那天，一个人抱着娃，张罗着大小事情。我并不知道，噩梦才刚刚开始。月子会所里有很多专业的育婴师帮忙给孩子喂奶、洗澡甚至引导孩子游泳。在月子里，我女儿也非常乖，能喝能睡，不太哭闹，体重也非常理想。可是，就在出月子的那一天，我女儿在家里哭了整整一晚，从晚上 10 点持续不断地哭到了凌晨 4 点。8 斤多的孩子，怎么可能有那么多力气，一刻不停地哭？我到现在还没想明白。对于身为新手妈妈的我来说，除了自己休息不好以外还特别心疼孩子，当时带我女儿的阿姨也很无奈，让我尽快再找一个阿姨。

就这样，我大概换了五六个阿姨，有阿姨说在我家吃不惯，有阿姨说在我家睡不惯，但多数都表示我女儿太难带了。在我特别绝望的时候，来了一位做过医院助产士的阿姨，有文化，长相尚可，最关键的是，她真的能“搞定”我女儿。这个阿姨每天花大量时间跟我女儿聊天或者是哄她睡觉。

我不知道女儿为什么可以在婴儿时期就这般精力旺盛。在她三个月大的时候，她居然做到了连续7个小时不喝奶也不睡觉。“喝奶”和“睡觉”是婴儿最重要的生长指针，不喝不睡的宝宝发育肯定迟缓。

我女儿从出生开始就一直“厌奶”。为了统计奶量，阿姨会把每天女儿喝奶的毫升数记录下来，并且规定使用奶瓶喂的量要大于亲喂的量，不能让孩子太依赖我，不然我上班后很难脱身。我觉得很有道理，按照阿姨的科学养育方法，女儿虽仍不算乖，但偶尔我也能独自“对付”她了。一次阿姨休息回来，看到我记的奶量手册，瞬间怒了，几乎是指着我的鼻子问我，为什么不用奶瓶而要亲喂宝宝。

我惊呆了。

从那次以后，我和阿姨几乎天天吵架，我纠结的点也越来越小。“阿姨是不是拿洗屁股的毛巾给女儿洗脸？”“刚喝完的奶瓶是不是没有消毒就喝第二次？”甚至阿姨上厕所我都要关注，听听她上完厕所有没有洗手。我的神经越来越敏感、脆弱，几乎天天以泪洗面。最让我觉得委屈的是，我告诉老公，说阿姨天天跟我吵架，而老公选择相信阿姨是正确的，觉得我在无理取闹。

我开始慢慢变得“除了孩子，对其他任何事情都提不起兴趣”。过去的我积极乐观，可以独当一面，交际广泛，朋友很多。可自从生下女儿以后，我几乎每天都在家里，和阿姨、妈妈、女儿打交道。

每天看到女儿的几个小时是我最开心的时候，看不到女儿时我就开始各种胡思乱想。

休产假的日子很长，其间有很多工作邀约我都推了，还有女友约我出门聚会我都拒绝了。我每天穿着哺乳衣，在那个面积 90 平方米的空间里，一天又一天。

我的压抑和崩溃忽然在一天爆发。

在我产后很长一段时间里，我妈妈天天来帮我烧饭，无论酷暑还是寒冬。可那一天，只因为妈妈把一个菜烧焦了，我就对着她歇斯底里地发火，把她骂得独自一人在门外痛哭。多年后，我现在的阿姨回忆起我这一段还会感慨：“你就是产后抑郁啊。”

无论是由于激素水平的变化，还是因为那个阿姨的态度导致的，总之，产后除了喂奶，我做的最多的一件事就是在床上哭泣，晚上睡眠很浅，阿姨开一下门，我就能彻底清醒几个小时。我不敢想象，我一旦出门离开了孩子，我的世界会是怎么样的。因为从她出生后的几个月里，我跟女儿都没有分开过。

在女儿出生后的三个月里，我在微博上写道：“做妈妈之后，开始羡慕自由职业者，有时也会迸发出在家全职带孩子的念头。”

我很郑重其事地写下了这两行字。在那一刻，我觉得女儿是我的全部，看得到女儿我才有自信和安全感。说来也巧，刚刚注册完微博的爸爸正好看到了我这条微博，于是他在评论区里留言：“宝宝重要，事业也重要，能否像爸爸那样，把主持事业做好，又把女儿培养好，就看你的了，加油！”

又是爸爸，在人生关键的时刻鼓励我。后来，我终于敢迈出家门，又有了足够信心去继续做我的主播工作。

5. 长声带息肉恐失声

在我从业后五六年的时间里，很多人对我的印象是“声音非常好听”。特别是很多广告客户，尤其喜欢我银铃般、有辨识度、极具活力的高音。越来越多的广告客户开始指定要我来配音，特别是那种促销类的，需要用力喊的那种。每天下了直播以后，我会接到至少三到四条，多则十几条类似这样的稿子。每次喊完，我都会觉得喉咙很痛。

离开校园以后，我也就不练声了，没有特别科学的发声方式。

很多主持人、演员都很会保养自己的嗓子，常年吃石斛，还有人吞生鸡蛋等。而我是个粗线条的人，除了每天直播、配音、演出、开会时需要大量用嗓之外，在生活中还是个十足的话痨。这样一来，每天说话的时间很长、强度很大，我当时觉得年轻就是资本，一直在不断地消耗自己。

时间长了，我感觉自己的嗓音越来越嘶哑，特别是在发高音的时候，越哑越想清嗓，这样一直恶性循环。直到有一天，我去 KTV 与朋友一起唱歌，当唱到《因为爱情》这首歌的时候，我彻底傻了，我的假声好像完全没了。

对一个主持人而言，没有“假声”是多么可怕的一件事，这意味着你有一段声带是完全发不出声音的。我怀着几乎绝望的心情去了医院的五官科，人生第一次做了喉镜，局部麻醉的药水需要含在喉咙里，过几分钟后再吐掉，一排人坐在座位上干呕，或者拼命吐口水。这样的流程需要重复两遍，随后才开始正式的喉镜检查，从口腔开始，那个带着摄像头的仪器一路探进我的喉咙。

之后的诊断报告显示，我的左右声带上都有息肉，并且从照片上看，我的声带后方似乎还有一个囊肿。医生明确告诉我，必须要做手术，如果害怕可以先喝冲剂进行保守治疗，但估计不会有太大的效果。我只能试试看了，每天喝三顿冲剂，尽量少说话，更不能大喊大叫。

现在才知道爱惜自己，好像为时已晚。医生告诉我，每个人的声带都由三部分组成，我把最上面的负责高音那部分消耗得太厉害了，所以才会长息肉。一个人如果想要拥有健康的嗓子，必须用最舒服的声音说话，掐着嗓子、捏着嗓子说话都会给声带造成负担。

很快，坚持喝药一个月后，复诊期到了，在又一次经历了令人作呕的喉镜检查之后，医生给我下了最后通牒——必须立刻手术。

其实，主持人、歌手、老师都是这类病的高发人群，我们经常会听到声带息肉、声带小结等病症。我打听了一圈，许多已经有声带息肉好多年的主持人都不敢选择在声带上动刀，万一有个闪失，就意味着我们职业生涯面临终结。

坊间还流传着一位女主持人做完声带手术后，声音变得又轻又细，跟以前完全就是两种声音状态。如果我不做手术的话，至少还能保持自己的真声，平时主持节目时也几乎用不到假声。总之，没有一个人赞成我去做手术。

可我偏偏就是一个胆大、固执的人，我非常果断地决定把息肉切除。即使爸爸反复劝我，我还是坚持手术。因为我实在无法容忍自己糟糕的声音。好在我的医生给了我很大的信心，她跟我说这是一个非常小的手术，大可不必担心。尽管我也听说手术后会有各种后遗症，甚至容易复发，但是那一刻，我铁了心要做手术。

手术那天早上，我还敬业地在直播过程中说："我下了直播后会去做一个声带息肉手术，之后的两周我会暂别话筒，希望回来以后，我的声音依旧动听。"两个小时后，我在手术室里等候，无意中听到两位护士的对话："我今天听到杨永清说要来我们医院做声带手术，不知道她是哪一档？"穿着做手术时必要的反穿衣，带着手术帽，一副病怏怏样子的我顿时有了偶像包袱。

不久，护士也认出我了，便一直安抚我的心情。

躺在手术台上，一开始我和主刀医生愉快地聊天，没聊几句，医生就让我吸一根软管，我就昏了过去。再次醒过来，我感觉有一个冷冰冰的东西从我嘴巴里被拔了出来。护士告诉我，手术很成功，之前看到的囊肿并不存在，之后不需要任何药物，只需要好好休息即可。我最担心的问题是到底术后能不能立马说话，医生给出了令我满意的回答，可以少量、轻轻地说，完全不说话声带反而会粘连在一起。

不能上班的日子，我一直胡思乱想。我不知道将来放声说话后嗓音到底怎么样。声音有没有变化？会不会变难听？

我又期待又害怕，终于盼来了两周后。好在老天还是很眷顾我，我的声音没有任何变化，只是说话的声音变轻了。

直到最近几天，还有不少主持人检查出有声带息肉但不选择手术。不得不说，手术对一个主持人来说，赌注实在是太大了。从小胆大的我，总听妈妈说：让她吃吃亏，胆子就会变小了。还来不及等到胆子变小的那一天，我就又做了一个人生中重大的决定。切记，做每一个决定前，首先要尊重自己。

自己的人生，自己来决定，即使后悔了也怪不得别人。

6. 每个人都会遇到瓶颈

随着早间节目越来越受欢迎，我的知名度也越来越高，没有了新人时期的不安，也没有人会在线下攻击我。我逐渐培养了一批自己的粉丝，他们从最初跟我用邮件交流，慢慢发展到 BBS，后来又有了博客，再后来有了到现在都还在用的微博。

我是一个很喜欢在社交媒体上发动态的人，我觉得这和小时候写日记很像，同时也希望跟喜欢我的人来分享一些我工作以外的状态。

可是，喜欢我的人越多，我反而越有危机感。我觉得听我节目的人越多，我越应该对自己的言行举止有更高、更严的要求。同时，搭档的优秀，也限制了我的发展，我只能做他的左右手，没办法独当一面。我有时候就调侃自己，一般形容长得漂亮却不会演戏的人叫“花瓶”，那像我这种声音好听却没有深度的，该叫“八音盒”吗？

在做双档主持的很长一段时间里，我都是像一个“学生”一样和我的搭档一起主持。即使恶补了很多与流行歌曲相关的知识，但自己对流行乐的见解和深度还是无法超越自己的搭档。

工作上遭遇瓶颈，再加上自己升级为母亲这个角色的转换，这可能是我截止目前变化最大的时期。当时，所有的女性朋友都以为，我生完孩子后会立马“抛弃”孩子恢复工作。谁知，我单单喂奶就喂了整整一年，晚上 11 点排空奶睡觉，凌晨 2 点半我必会自然醒，起来继续排空奶，早上 5 点起床我也会排完奶后再去上班。

而且，生完孩子后，我的脾气、性格发生了翻天覆地的变化。以前，我只要出门就能随意挑出服务行业的刺，比如吃饭会计较菜品质量低下，唱歌会抱怨话筒有杂音，洗头会担心洗发水有作假嫌疑。总之，出门在外各种计较。我现在想想都觉得当时的自己很讨人厌。可是，有了女儿之后，我觉得曾经抱怨的一切都没有那么难以接受。

曾经的我，语速快到别人插不进话，而做了妈妈后，我学会了倾听别人。我觉得是女儿让我又一次成长，让我懂得如何处理事情才是更成熟的做法。

生完孩子后复工的那段日子，恰巧我的声带刚刚经历过手术，我慢慢习惯用自己最舒服的音色主持节目，甚至是配音。其实我本人最好听的音色是中音，可是年轻时我觉得这个声音听起来会让人觉得年纪太大，于是过度且用力地卖弄自己的高音。当我开始使用自己更具磁性的中音后，找我的广告客户也从那些快消品慢慢转变成了高端护肤品。

产后回到自己工作岗位前，我无意间回听了下自己生孩子前主持的节目，自己语速飞快，音调很高，给人强烈的压抑感。由于语速过快，很多字、词的发音也不太清晰，甚至现在听起来我都觉得有点过时。于是，我决定让自己转型，不能再给人一种“傻白甜”的印象了，应该多一些内涵，塑造一个形象更丰满的我。

在工作之余，我也不断丰富我的个人生活，因为这些经历都会成为今后节目中的谈资。如果主持人“追星”是为了在节目里有更独到的见解的话，我还真有一段时间关注过自己的偶像张国荣的一切。从他的电影到歌曲，从重温他的采访到接触他身边的人，我以歌迷的身份参加各种张国荣迷们的聚会。我想成为一个说到张国荣就能说出不一样内容的女主播。

同时，我在节目里的“人设”也因为我成了妈妈而发生了变化。

我开始关注育儿方面的知识，在节目里有意无意地说一下与孩子有关的话题。当遇到一些妈妈级的听众，我们也能够聊很多话题，同时也会对一些现象产生共鸣。作为节目中唯一一位上海本土的主持人，我也慢慢把上海本土化特色展现出来。比如说一些老上海人才知道的地方，讲一些市井弄堂里的美食，偶尔说几句上海话。

人生总会遇到瓶颈期，特别是在自己驾轻就熟的工作领域。

我是幸运的，因为我在自己的瓶颈期做了母亲，妈妈的角色让我有了顺利转型的突破口。如果你在工作中也遇到瓶颈，建议你首先要学习，在学习中你能获取很多意想不到的知识和乐趣，同时也能扩大你的朋友圈。其次，是走出去。这并不是让你免读万卷书，而是在读书的同时不忘记行走，这样一来，学得不累，同时，也能继续开阔你的眼界。

后来有一段时间，我自己的身体亮起了红灯。

那时，爸爸生病刚做完手术不到半年，我作为家里的顶梁柱，忙里忙外，还要兼顾工作和女儿。我很“阿Q”地安慰自己，还好自己那个时候没有要生二胎，还好此时女儿并没有在幼升小的关键节点，还好我还算年轻。

当我觉得自己坚强且有信心能抵挡一切外界压力的时候，我突然被查出有妇科病变，且程度不轻。我是一个有一点点小问题就喜欢跑医院的人，我的医保卡在入职后不到三年时间里，就换了一张新的，这足以证明我跑医院是有多勤快。可是，如此小心谨慎的我，却还是难逃病魔的手掌。最令人匪夷所思的是，每年电台安排的常规妇科体检却压根没帮我检查出来。

在得知病情的情况下，我还特地打电话去体检医院调取我的报告。报告显示一切正常。

看了几家医院，我的病情基本确认了，不过要通过做手术后再化验，才能知道最终的诊断结果。这将是我人生的第二次手术。在短短三年时间里，我经历了声带息肉手术、生女儿以及这次即将要面临的手术，动手术一定是伤身体的。此时，我的工作又排得很满，因而手术时间一拖再拖，其实也是一种逃避。

手术虽然不算很大，却也需要卧床休息一段时间，可是我一心想着工作，在手术后的第三天硬是跟护士请了假，打扮得美美的，跑去“上海广播节”做签售活动了。之后的几天，我都没把自己当成病人，还接了不少活动。其实我知道自己病得不轻，但我希望用工作来掩盖自己生病的事实。

我想用忙碌的工作节奏让自己没有时间去细致了解自己的病情，因为我受够了躺在医院的日子。

可是，我的逞能还是被病情给击溃了。在手术一周后，我的手术创面忽然大出血，差一点就到了需要输血的程度。此后，我被三度推进手术室，在没有任何麻醉的情况下直接手术，甚至还被硬插导尿管。而接下来，我被主治医生明确规定要在医院住上两个礼拜，不得下床，等伤口全部痊愈才能出院。我甚至还在重症监护室住了24个小时。

在重症监护室里的那晚，记忆很深刻，离我有两个床远的阿姨整夜整夜地放声大哭，哭完开始呻吟，喊不动了就开始听经。我本来就是个睡眠质量很差的人，有了孩子之后，有一点声音就会被惊醒，更不要说是这样的情况了。

人在最痛苦的时候，意志力会非常薄弱，听到病房里的哭声、呻吟声，我也开始担心起自己的病情，对病情没了信心，越来越消极。我和医生提出想转去普通病房的要求，而同住一个病房的是一位妇科癌症晚期的阿姨。

阿姨是个文化人，病入膏肓却依旧保持着风度，眼看着护士在自己身上到处插管子，她却一声不吭，而我的眼泪已经止不住地流下来了。在那一刻，我忽然觉得女人都很坚强，也许是因为我们经历过生产，也许是因为我们本不弱小。在那个不知姓名的阿姨身上，我看到了女性的伟大。

生病是最考验一个人意志力的时候，我总是听我公公说，我婆婆在生命最后的那段日子里，吃什么吐什么，但她还是逼迫自己要吃点东西，即使身上插满了管子，仍坚持要亲自去食堂帮老公打饭。

我每天躺在病床上，听着医生、护士讨论着每个床位上病人的病情，半夜听到哪个床位上的病人走了，整个走廊传出哭声。那一刻，我看到了生命的脆弱，我对自己说，出院后我要好好对自己，人没了就什么都没了。

在此，我想告诫每一位职场人，工作值得热爱，但你不应该用生命和健康去豪赌。身体是自己的，我们要格外珍惜和爱护它。再热爱的工作岗位都可以被人取代，你走了地球照样转，但是，对你的家人来说，你无法取代，甚至没了你，你家人的天就塌了。

爱惜自己，善待自己，你需要找到工作与生活的平衡点，讲究地去生活。

辑四

职 场 多 面 手 养 成 记

1. 出门干活无新人

从 11 岁到现在，我的工龄实际上已超过 20 年，期间我尝试过太多与语言相关的工作。从小到大，我都特别乐于接受挑战，20 多年间也接到过形形色色有意思的工作。

做中学生节目就是一个典型，没人教你怎么播音，怎么写稿，怎么采访。责任编辑老师是负责把关选题的，看看它符不符合正确的舆论导向。而怎么主持，怎么说话，并没有专业老师来指导。所以，一切都是从最原始的模仿开始的，你的姿态要低一点，多向前辈取经学习。模仿久了，如果你足够有天赋，就能自成一派。

其实每个人，无论是学生还是成人，感兴趣或擅长的事物都不一样，抓住自己的特长，把它最大化，慢慢地，你就能形成自己的特色，很快就能有自己的一席之地。

之后比较有挑战性的工作就是电视主持了。长期做广播节目的人，会在对着话筒的时候不自觉地摇头晃脑，这好像是很多主播的通病。而我则属于面部表情特别丰富的那一类，平时说话又不会对着镜子，所以我对自己讲话时的样貌浑然不知。直到第一次上电视，我才感受到何为“惨不忍睹”：喜欢翻白眼，喜欢眨眼睛，面部表情甚至可以用“狰狞”来形容。

后来我才知道，那些电视女主持人能在说话的同时保持较好的仪态是需要功力的，最难的是面带微笑还要让自己的眼睛看起来很大。

要有好的仪态，只能对着镜子拼命练习。但我本不算美女，所以并不想挖空心思靠颜值取胜。既然明确了这点，就只能靠实力了。

我第一次做的电视节目是直播互动节目，对我来说，挑战真的不小。这是一档每天中午在体育频道直播的游戏互动类节目，每个小时会准备有若干道题目，观众通过打声讯电话来答题，答对了拿走奖金，答错了奖金翻倍。

没有人教你怎么来主持这样的节目，那时候我只能天天中午在家看电视揣摩，可是，第一次上了直播后我才发现，一切跟自己想的完全不一样。直播时，手指向的题目是用特效做上去的，主持人其实是对着一块蓝布假装条理分明地分析题目。就如同天气预报员身后根本没有地图一样，你需要靠自己的经验去指“北京”“上海”“新疆”等地理方位。

这还不是最大的问题。对我来说，最大的障碍是“边听耳机边说话”。这个技能差不多相当于同声翻译，在主持的同时，导播会告诉你现场实时信息。比如，刚才的观众给出的答案是什么，现在奖金达到多少了。你要做的是，一边说自己的话，一边迅速听导播的话，然后立刻用你自己的方式表达出来。

这并不是单纯的边听边说，因为有些导播的话能说，有些不能说。比如，导播会悄悄告诉你：“今天打电话的人不多，你要想办法多报几遍电话号码。”这类话就需要你迅速反应，并组织成自己的语言表达出来。这个过程是很煎熬的，一开始我非常不习惯，不直播的时候，导播会陪我用假直播的形式来练习。

这真的是个需要反复练习的过程，时间长了，你就会习惯这个节奏了。

入台之后，除了每天主持常规的直播节目以外，我还要主持几乎每两周都会有的艺人做客节目。采访艺人，特别是很多大牌艺人，我个人认为这太需要系统的培训了。很多艺人难伺候，很多经纪人难沟通，你必须用强大的气场把控全场。如果你不及时提问，或者没有要到你想要的答案，那对不起了，10 分钟采访时间一到，艺人就走了，而你的采访也宣告失败。

而这一切，也没有任何人来教你。你的教科书，就是看各种访谈类节目。

再来说说“配音”这个工作。小时候我看过很多译制片，印象最深的是《成长的烦恼》。野芒、张欢这些配音演员的声音跟剧中西弗一家爸爸妈妈的形象完全融为一体。小时候听着这些配音演员的声音长大，没想到长大了自己一不小心也成了“配音演员”。

从业务上来讲，我一天专业配音课程都没学过，在电台里不太专业地配过几支广告片后，就被前辈带到外面的录音棚里去试音了。没想到几年下来，还真积累了不少客户。可是，初来乍到的新人有时候真的被折磨到欲哭无泪。不过唯一庆幸的是，当我走近录音棚的时候，他们会说：“演员到了！”很好，我的人生角色里又多了演员这一项。

而之后，我在工作中还偶尔遇到要做网络直播、综艺节目嘉宾、电影配音、大型活动主持，甚至是后来的语言教学的情况，都没有一个人来手把手去教。其实，做电台主持人跟这些工作都有联系，但也有区别。还好，我喜欢迎接未知的挑战，而幸运的是，每次挑战都很成功。

没有踏出第一步，你就不会有进步，不要害怕失败，但你也要自信地告诉自己："我不会失败。"

2. 配音，被折磨的艺术

如果你经常听广播，你一定会发现里面的广告实在太多了。电台里的广告量虽然多，但对配音人员的要求并不高。很多主持人在直播以外的空余时间里，会去广告部配几条广告，赚一点外快。

并不是所有的电台主持人都可以给广告配音，它对音色有要求，也对主持人的能力有一定要求。而电台的主持人包括新闻主播、财经节目主持人、体育解说员、音乐 DJ 等，他们擅长的领域各不相同，习惯的播音方式也不一样。

作为音乐节目主持人的我，没有那么浓的新闻腔，说得好听点，声音还算“洋气”。刚入台的时候，我做节目状态很好，声音清脆、干净，广告部就开始慢慢找我去配音。其实我早在幼儿园的时候，就接触过广告配音，只是当时设备简陋、过程简单，印象并不深刻。

每一次录音的过程，都是学习和成长的过程。用什么样的声线去录，怎么运用自己的感情等一系列细节，都需要去摸索。录音的过程很短，作为配音员，最基本的能力是不能读错。可是，我是一个阅读能力很差的人，平时看完一本书的时间等同于心里默念一本书的时间。眼睛比嘴巴慢，是我最大的弱点。于是，在配音初期，我很容易错读、漏读。

不过，所有技能的娴熟都是需要用时间来积累的，在坚持配了一段时间的广告后，我也慢慢有了一些自己的风格和作品。忽然有一天，一位当时挺红的主持人带我去外面的录音棚给广告配音，从此开启了我人生一扇新的大门。

对我来说，做配音工作让自己更敬畏的一点是，我们外出干活，大家都习惯性地称呼我们为“配音演员”。而事实证明，外出工作时碰到的搭档，的确有很多都是话剧演员或者电视剧演员。

和配音演员接触久了，我在广播节目里还策划了一个与配音演员有关的专题节目，采访了沪上大量的配音演员。其中，给《东京爱情故事》里的赤名莉香配过音的梅梅老师告诉我，在 20 世纪 90

年代译制片兴起的时候，配音演员都非常敬业。配一部戏等同于演一部戏，甚至每一个走位、每一个动作都要和画面上的演员同步。

当年，梅梅老师在配一部译制片里的一个回声时，导演让他们去两个地方收声。一个是上海的佘山，另一个就是历史悠久的中苏友好大厦，现在叫上海展览中心。最后，导演组选择了中苏友好大厦，半夜进去放置设备，凌晨开始录音。就为了三句回声，他们录了四五个小时，期间因为冒出一下喇叭声，只能推翻重录。这件事反映了当年的配音导演和演员们对艺术的执着。

我也采访了很多目前依旧在从事电影配音的演员。他们告诉我，两个小时的电影，男一号单独的台词部分只需要两个小时就可以全部搞定。而且，不需要任何人跟你一起配戏，常常直到电影出来，你才会知道给女一号配音的是谁。

现在，随着人们越来越喜欢看原版片，看译制片的人越来越少，译制片配音演员的报酬不多，于是很多演员慢慢离开了体制，甚至很多人做起了广告配音。不得不说，专业的配音演员做广告配音有点屈才，不过这也是市场化的一个必然趋势。

和专业配音演员相比，他们拿捏感情更自然，能够很好地理解客户的需求。而我们这些半路出家的，有“广告腔”不难，但如果要有“演”的成分，那差距就显而易见了。

我入这一行后，总免不了有各种担忧，心中忐忑。要给一个15

秒或 30 秒的电视广告寻找配音演员，品牌客户首先会问制作公司要演员录音的小样。在众多小样里，他们会选一个喜欢的声音，然后约声音的主人进行录音。

一开始，去录音的时候我相当好奇，为什么我一个人在棚里，外面除了录音师以外还有那么多人围观，少则三四人，多则十几人。后来我才知道，这些人里有制作公司代表、代理商、客户、导演等。每个人有一个意见，就可以有十几条意见。于是，我在做广告配音时碰到过最糟糕的经历，是一条稿子上明明只有六个字，而我却录了 60 遍。而每一遍，客户都会有不一样的要求。而你们猜，最后客户用了哪一条？

有可能是第一条。

尽管很多时候，我常常觉得在密不透风的录音棚里，自己会被逼疯。但我还是很努力，想办法去满足客户的要求。可是，有一些要求真的让人很想吐槽，比如“你的声音能不能性感而不失妩媚？”“老师，声音能不能更像白领一点？”“一共五个字，能不能每个字都强调一下？”

其实，还远远不止这些。每次进棚，你都需要用智慧和声音来和客户博弈。有些要求很抽象，比如：什么样的声音才是白领的声音？语言里有逻辑重音，每一个字都强调，那和不强调有什么区别？更有些因为意见不能统一，在棚外就已经开始闹矛盾的客户大有人在。棚里形形色色的人很多，不过，跟一个品牌合作久了，你会慢慢摸清楚他们的喜好和规律。

有一次去配音的时候，客户告诉我，上次配的那款产品拿下了当时的销量冠军，我和他们一样开心雀跃。很庆幸的是，我目前配的都是颜值很高的女生，如刘亦菲、景甜，这至少说明我的声音年龄还很年轻。有一次，客户约了三个女生同时去配音，第一个女生进去要给 30 岁的女性配音，第二个女生进去要给 40 岁的女性配音，我有一点着急了，如果让我进去给 50 岁的女性配音，我该怎么拿捏呢？结果客户叫我进棚，我看了稿子后顿时开心了，20 岁。

作为广告配音界的新人，我还有很多东西需要学习，还有很多经验需要积累。当客户愿意用我的声音时，我会特别有成就感。

我觉得，做任何一行都必须特别认真，而能用最喜欢的方式去实现自我价值更是一件无比幸福的事。

3. 从电台到电视，个个都很呆

20 世纪 90 年代，上海除了开设有音乐电台外，还有音乐电视台。那是一个 MV 异常火爆的年代，从国外到国内的音乐录影带数不胜数。于是，很快，上海也有了自己独立制作的音乐频道。成立伊始，电视台出品的节目不多，主持人也难找到合适的。而彼时上海的音乐电台已经非常成熟，也培养出了一批优秀的音乐节目主持人。

电台主持人隐匿在话筒背后，可以不化妆，不做发型，甚至在夏天的时候，可以穿舒服的人字拖和宽大的 T 恤。话筒背后的我们面部表情很松弛，只有搭档知道你说话时到底是什么样的。有时候男主持人说话大声一点，还会唾沫四溅，有鼻炎的男主播甚至会一边拿纸巾塞住鼻子，一边对着话筒讲话。总之，电台主持人在主持节目时的状态是极度放松的。

后来，电视台请了不少电台主持人去客串做节目，你会发现电台主持人大多有一个共同点：眼神都很呆。他们不习惯看镜头，所以就缺乏所谓的“镜头感”，面对镜头时不自然，甚至脸看起来都会有点尴尬。

我在 2011 年的时候和电台的前辈阿彦老师一起主持过一档电视节目，叫《音乐前线》。这是我第二次接触电视节目。这档节目就如我小时候看的音乐频道的节目一样，主持人只需要录一些串联台词，再配几首歌曲的 MV，半个小时的节目构成简单、条理清晰。每一期节目都会有主题，编导会把节目的串词写好，主持人可以根据内容自由发挥。

因为做广播节目都是脱稿的，早上的节目除了新闻以外，其他的内容大多是即兴的，所以我们组织语言的能力相对比较强。而当你去了电视台的演播间，你会惊讶地发现，主持人的串词都是有提词机的，甚至有些看似是“脱口秀”性质的节目，台词稿都会被放大了打印出来。而广播主持人从来没有这方面的依赖，凭借着我们对歌手和作品的熟悉，我们基本只用看一眼，时长五分钟的台词就可以记下，立马脱稿。这是让很多电视台的编导比较欣赏的，只是对做电视节目比较生疏的我来说，依旧找不到“镜头感”让人比较头疼。

爸爸从小就喜欢给我拍照，长大后我也喜欢自拍。我已经能够非常准确地掌握拍照的镜头感了，知道自己哪半边脸好看，怎么摆出最好看的角度。可是，镜头是移动的，你不可能始终保持静态。其次，电视会把人无限放大，100 斤的我在电视里看起来足有 150 斤。最致命的是，我的眼睛不会说话，只会死盯着镜头看，搭档讲话的时候我也没有与之互动，仍旧继续盯着镜头面无表情。

几次在电视上回看节目时，我真的很想钻进墙缝里。不过，这档节目还是比较纯粹的，只有一个机位，主持人不需要走位，只拍半身。于是，我反复看节目，终于知道自己哪个角度比较好看，怎么说话面部表情比较自然。

好不容易适应了电视节目的节奏，出镜也看起来舒服很多，我却怀孕了。为了远离化妆品和发胶，我只好选择放弃做电视节目。当时觉得有点可惜，可我告诉自己我是为广播而生的。之后，我也会客串一些电视综艺节目，特别是做了母亲以后，会有不少制作公司的母婴类节目叫我去做嘉宾。

有意思的是，生完小孩的我，反而瘦了很多，至少没有婴儿肥，出镜也有了一些经验，尽管在电视上的效果依然属于微胖型，但我自己已经可以接受了。

做任何一档综艺节目，都没有人会教你什么时候该说什么话。编导会与你一起对脚本，会告诉你大概会聊一些什么，可是绝大多数的主持人不会完全按照脚本走。所以嘉宾想要在成品节目中保留自己的镜头，就得想方设法在录制过程中抢到话。这种“残酷”是为了节目好看，自己有镜头，也是为了让制作单位以后愿意再次请你去做节目。而怎么见缝插针，还能妙语连珠，其实是非常难的。

所以，你必须有“料”，有故事，有让观众想看的精彩内容。

时间到了2016年，一次偶然的机会，我又回到体育台做节目。这次是做一档棋牌类的节目。我是这档节目的忠实观众，在怀孕的时候几乎天天看，生活中的我也喜欢打牌，斗地主、大怪路子、80分、干瞪眼等，只要你能说得出的牌，我几乎都会打，不能说很精通，但至少自己喜欢。于是，我比起其他女主持人多了一点点优势。

可是，初次上节目，没有人会告诉我怎么看镜头，怎么开场，怎么切换。因为那个时候我在广播电台已经工作了9年，别人都谦虚地叫一声“老师”，所有人都不会再当我是新人。好在一切都很顺利，而其实我在背后也付出了很多。

如今的职场，已经很少有像师傅带徒弟那样，手把手教的情形了，很多时候，需要你自己不断地努力学习。同时，你千万不能把自己当新人，上手一定要从容淡定，做一个能掌控局面、驾驭各种可能性的多面手。

4. 从传统主播到网络主播

不知道从什么时候起，主播这个词多了一些歧义。

原来的主播，不是电视台就是电台里的“主咖”，社会地位高，公众形象好。与主播有关的电影、电视剧票房和收视率都不错。主播和成功人士的结合也成为很多娱乐版的头条。直到最近几年，主播这个词忽然变味。

在互联网时代，网络主播的负面消息不断传出，混淆了民众对主播的认识。主流媒体的主播大多看不上网络主播，也很少有主流媒体的主播主动去做网络主播。可是机缘巧合，一位电台的前同事找到我，想让我去救一个网络直播的场，而跟我搭档的，是当时拥有 500 多万粉丝的某大 V。

第一次做网络直播，我的经验并不是很足。其实，我就是负责控场的，把控什么时候聊话题，什么时候做游戏，什么时候发福利。网络直播跟电视购物比较像，主播可以实时看到产品销量。导播会转告你，让你用自己的经验去引导网友。第一次做直播的时候，沟通脚本这件事让我非常头疼，几十页的内容看着就很让人崩溃，而导演和我从来没有合作过，大家彼此不熟悉。如何顺利地把一个小时甚至是两个小时的直播有序进行下去，除了主持人内心要有谱，还有就是要靠导演现场的提示。

第一次做完直播，我的感觉很差劲。一是我完全没有经验，二是从专业角度来讲，和艺人的采访部分太“干”，也太尴尬。艺人不配合或者不会讲话都是正常情况，主持人如果圆不了场让场面继续尴尬下去，那这档节目就属于是失败了。

过了没多久，有人在新浪微博上私信我，说他们是一家跟阿里巴巴有合作的公司，他们需要在那一年的电商节前夕做整整十场淘宝天猫的直播，每场两个小时。对方知道我有很丰富的主持经验，他们也接触了很多网络主播，但觉得网络主播也许可以对客人和销量进行导流，却没有办法把控整个场面。

考虑再三，他们觉得还是需要一个有经验、有能力的专业主持人，于是找到了我。

接到这个任务时，我既兴奋又纠结。感到兴奋，是因为我一直是一个知难而上的人，遇到新鲜的事情我都会感到激动，想把它做好。感到纠结，是因为我每天固定早上七点到九点进行直播，到了年底，我几乎没有年假可以请了。而连续十天的直播，时间都是从晚上十点到第二天凌晨，按照我正常的作息安排，一般晚上十点我已经上床睡觉了。如果是零点收工，我到家后再进行卸妆，睡觉时估计已经是凌晨两点。睡三个半小时后，我就得起床开工。

我想想觉得有点担忧，因为那时离我开刀也只过去两年，医生反复提醒我，不能太累。

但我还是硬着头皮接受了这个挑战，每天晚上七点到棚里化妆，八点到九点半进行彩排，十点准时开始直播。对脚本这件事，又一次让我觉得非常崩溃，整整两个小时的直播时间里，我要介绍很多产品，要和嘉宾产生很多互动，还要配合嘉宾一起做很多游戏。

我不仅仅是一个主持人，更是一个销售，还是现场导演，成败都是我说了算。这是我大量接触网红的日子，那些所谓的“带货女王”，生活中少言寡语，甚至有些人连完成正常的对话都很困难。我觉得不可思议，他们是怎么红的？有些人据说直播吃饭都有几百万粉丝。

而且，对我这个需要把控全局的主持人来讲，我的嘉宾能否配合我，对整个节目的影响实在太大了。如果你问了十句话，对方的回复永远是“嗯”“好”的话，我会非常累。我不允许留白，就得自己拼命说话。我遇到过一个永远不接话的嘉宾，那一场我说了整整两个小时，连喝水的时间都没有，结束后整个人都瘫了下来。

有些网红当天穿的衣服销量破百，可是主持人的问题一句话都接不上，没关系，粉丝依旧听他的。还有一些微博上脸看起来只有我手掌一半大的姑娘，真人的脸比我还大一圈。她平时对自己的照片拼命修图我可以理解，但我很好奇，她的客户让她去拍照，看到真人时就不会受到惊吓吗？我的总结是，最好不要相信网络上的东西，以及到了21世纪，每个人真的各有各的生存之道。

在那十天的奋战当中，我收获了很多，从一开始的不娴熟，到后来的驾轻就熟，我和我的导演、导播、摄像以及嘉宾配合得极为默契。其中的精髓就是需要有非常快的临场反应以及足够多的“干货”让你去填补时间。现场经常会出现还有十分钟的时间才能结束直播，可是该聊的都聊完了的情况。这时，要怎么撑过这十分钟，就得靠主持人的经验和技巧了。主持人要会抛话题给嘉宾，知道什么是他们喜欢聊的，还要能聊得出内容，并且多和屏幕背后的网友互动，点他们的名，让他们有存在感。

网络直播和平时的常规直播节目很不一样。主流媒体的节目中如果存在哪怕停一秒钟的情况，都会被无限放大，而在网络直播中留白则是常有的事。但是，我仍旧以自己的标准来严格要求自己，而我的专业度和把控现场的能力也的确得到大家一致的认可。

那十天特别艰辛，我日夜颠倒，下了直播就拼命补觉。为了让自己更好地休息，我还在电台旁边的酒店开了一间房，一有时间就补觉。虽然辛苦，但我觉得很有成就感。这的确是我攻克的一个全新领域。

5. 大型活动的主持技巧

我爸爸在我入行伊始，就对我提出了两点要求，一是尽可能多的争取舞台主持的机会，这和话筒前的世界截然不同；第二，始终保持投身公益活动的心，让自己乐观积极、有爱心，传递正能量。

所谓的舞台主持，就是所有需要登台主持的形式，小到商场门口的促销，大到上万人的体育馆。这些我都主持过。还记得第一次和爸爸一起登台主持时，我还是个高中生。那是一个由某度假酒店举办的游艇模特大赛，我也是第一次做赛事主持人。

赛事主持人的主持内容相对而言条理比较清晰，无非是规则、比赛内容、评委点评、颁奖典礼等。主持人需要把所有的规则和流程背得滚瓜烂熟，万一出了错误，就以主持人说出去的内容为准。颁奖环节一定不能报错领导的顺序，冠、亚、季军的颁奖领导的头衔和名字非常重要。还有一些情况可能需要主持人救场，比如比分一直没有统计好，这一段留白的时间如何补救？我们通常会让评委老师做总结性的发言，也可以和在场每位选手的后援团互动，主持人也可以根据掌握的消息让比赛气氛更紧张或更具悬念。

赛事主持成了我入行之后每年都会遇到的工作。我自己是通过“明日之星 DJ 选拔赛”入行的，而之后由我们频率主办的 DJ 选拔赛几乎都是由我来主持。在一般赛事中，主持人发挥的空间不多，但需要严格控制时间，特别是有电视直播的比赛。主持人如何掌握好时间、控制好局面就成了关键。

还有一些让主持人比较没把握的情况，比如说遇到某些特别大牌的艺人。十多年前，我曾经主持过一个网游比赛，冠军能获得一百万奖金。当时这个数字是相当震撼人心的，而该游戏的代言人是“功夫巨星”李连杰。主办方当时找了一个游戏类的女主持，但生怕把控不住现场，于是又找到我。

可我也是第一次接触李连杰，并且李连杰完全没有时间和主持人对台本。哪怕只是很简短的一个发布会，主持人话语的导向对记者之后将会怎么报道的影响非常大。由于李连杰国际巨星的身份，我们在活动开始之前并没有机会与他事先进行交流，所以直到上台的那一刻，我俩都是完全陌生的。但我很明确的一点是，他是游戏的代言人，跟他聊游戏肯定没错，可以功夫与游戏的结合为切入点来展望一下未来游戏的发展趋势。

而在当时，李连杰积极投身公益事业，很久没有电影作品问世，这也足以证明当时壹基金对他的重要性。所以，抓住那些能让大牌艺人迅速对主持人产生好感的点，会让彼此都加分不少。

其实无法事先沟通的情况非常多见，有些是艺人没时间，有些则是经纪公司的问题。在很多歌手的发布会或者明星乐享会上，绝大多数的艺人都没有时间事先和主持人沟通。而在舞台上，主持人的权力很大，主持人说什么，艺人都需要主动或被动配合，而这一部分的风险就会由经纪公司来承担。所以事先和艺人沟通流程，也是为了双方可以避开一些敏感的内容或可能遇到的不愉快。

还有一类舞台主持诸如像年会、听众见面会等，这一类的氛围相对轻松，给主持人的发挥空间很大。主持人主持是否出彩完全取决于他的临场反应。此时，主持人需要多一些幽默，放下主持人的光环，和在场的观众打成一片。怎么渲染气氛，让整个活动现场笑声不断、热闹非凡，就全靠主持人的功力了。

与其相反，还有一些舞台主持需要煽情、催泪的效果，这比搞气氛要难多了。好在，我本是一个泪点很低的人，很容易流泪，这可能会给制作气氛带来一些有利的条件。其次，就是要会讲故事，怎么把一个平淡的故事讲得煽情，就需要主持人去找里面的“点”。我在婚礼上，时常会把新人弄哭，而有关婚礼主持的内容，我在之后会和大家分享。

我喜欢不断累积经验，当“路演”这个词还只是指超市卖场门口的促销活动时，我就主持过一次。一个暑假，整整16场，其中的文艺演出模式我已经烂熟于心了，但上台互动的观众却各不相同，如何迅速从他们的穿衣打扮、身份、职业中挖故事，就需要靠主持人敏锐的洞察力了。

还有一些流程极其复杂、主持人的串词长达三十页的活动，我也碰到过。除了认真彩排、熟悉流程以外，主持人要尽量对每个环节和节目都了然于胸，针对每一位艺术家或歌手做足功课，以免引发尴尬和冷场。如今的网络很发达，如果遇到一个不熟悉的公众人物，我们可以立马上网查阅其相关资料，但你一定要知道一点，能上网找到的内容是不会打动对方的。所以，无论网络多么发达，早做功课、多做功课是必须的。

舞台主持有别于电台主持，它需要主持人有端庄的仪态、稳健的台风。平时，别人说我气场强大时我还不开心。但做舞台主持，你必须有足够的气场去支撑这个舞台。最近我们的电台节目刚刚举办完“最爱金曲榜”颁奖盛典，作为主持人的我深有体会，十组艺人和近十位词曲作者，几乎占据了乐坛的半壁江山。站在那么大的舞台上，你需要有足够的底气和能力去撑起全场。

我们公司旗下拥有 12 套广播频率，能上舞台主持节目的主持人不下 100 个，要知道，在那么多同行面前主持节目是很容易把优缺点同时放大的。我们公司成立以来，我也有幸主持过多次全台活动，这是组织对我能力的认可。不过，驾驭这样的场面，我要比在其他场合中更自信一些。一般情况下，我上台已经不太会紧张了，可偶尔还是会心跳加速，甚至手抖。手抖这个毛病我爸也有，但你问我们紧张吗？我还真没觉得紧张，有可能是大脑“淡定”，而身体却很诚实。

另外，有幸主持上海人民广播电台成立 70 周年纪念大会，是我职业生涯的高光时刻。从 1995 年开始主持全国第一家中学生广播节目《青春太阳》开始，我就未离开广播一步。一家四口同为广播人，广播不仅是事业，更在我血液！

最后，我来总结一下主持大型活动时我个人的几点经验。

首先，关于背稿，通篇熟读就可以了，在当天化妆以前不需要死记硬背，因为到了活动现场，甚至临近开场，串词都可能会有改动。在这方面我从小都秉承着“临时抱佛脚”的原则。

其次，开场非常非常重要。把最多的精力放在开场，一定要记住重点的内容，除了领导名字外其他全部要脱稿。另外，把写的内容用自己觉得舒服的语言重新组织一下，手卡的重点部分需要用彩色笔提亮。

最后，如果你是女主持人的话，一定要记得，“负责美”也是很重要的，要把女性的温婉、端庄发挥到极致。我曾经看到过一个女主持人，在要请领导上台的时候发现手卡怎么都找不到了，这真的是大忌啊！好在她用柔美的嗓音在台上和领导道歉，并从舞台上下去亲自把领导请上台，处理得无功无过，领导的感受应该也不差。

总之，做好功课，调整好状态，你要用足够的气场和稳健的台风去掌控全场。

6. 艺人采访，提问很重要

在我从业十多年间，采访过的艺人很多，主持过的艺人发布会不下百场。谢霆锋、周华健、张信哲、谭咏麟、范晓萱、Twins、梁静茹等大牌艺人的采访背后都有许多难忘的故事。

说到采访，这是做主持人的基本功。早些年，采访工作是记者负责的，后来主持人越来越全能，很多都是采编一体的。我最早对明星采访的接触，要从一位资深娱记带我去采访刘若英说起。刘若英的公众形象非常好，认真努力，既会唱歌，又会演戏，当时热播的电视剧深受很多人的喜爱。

去采访时她正当红。我和那个娱记去了一家酒店式公寓，这是我第一次看到明星生活中的状态。

后来，我们采访艺人时，大多都是他们来台里上“通告”，尽管明星接受采访也会化妆、做发型，但是当你跟他进行近距离接触时，他们脸上的许多缺点还是会被放大。有些人脸上有疤，有些人近看显老，有些人其实本人特别矮，这些都是你平时在电视或者海报上发现不了的细节。有些明星很爱聊，也愿意分享，主持人说什么他都可以回应。但这一类艺人少之又少，多数情况下，主持人采访艺人时都不会特别顺利。所以，怎么提问显得非常重要。

一个好的主持人，在采访所有明星之前都一定要做足功课。这些功课是要花大量时间去收集的，多看他们的采访，看看他们好朋友是怎么聊他们的，而不是简单地去“百度”一下。如果在聊天过程中，艺人觉得你很懂他，他会很愿意打开自己的话匣子。我们当时有一位非常厉害的主持人，尽管作为主持人他在语言上并没有太多优势，但是在采访了大量的艺人后累积了无数经验，甚至有很多艺人来我们电台做采访时他会被钦点。

我也承认采访是有一定套路的，甚至我也看到有些主持人很不负责任地去复制粘贴一些收集到的资料。但每一位艺人都有不一样的经历和性格，你的采访能否出彩，提问很重要。同时，你的采访也足以证明你的视野是否开阔。

其实“讨好”艺人最简单的方式，就是得知道他此行为何而来，他是为了宣传新专辑还是演唱会？主持人和艺人一开始就直奔主题，通常艺人都会很配合。如果你想做一些有质量的采访，或者想在自己的节目里挖掘一些新鲜的内容，那就只能等到艺人愿意打开话匣子之后了。

我印象比较深的是入行之初采访谢霆锋。谢霆锋当时红到发紫，我听闻采访他不是件特别容易的事。作为主持界的新人，我当时非常紧张。谢霆锋是我见过的艺人里面随身保镖最多的。

一般艺人过来，身边会跟着经纪人、助理、造型师，如果是推广唱片，还会有唱片公司的人。所以艺人来做专访一般看起来都很声势浩大，主持人在迎接艺人的过程中，艺人的一举一动都要观察得非常仔细，因为这可能成为你们之后聊天的素材。他们穿的什么衣服、有什么特别的配饰、看起来精神状态怎么样，每一个细节你都要仔细观察。

谢霆锋那天扎着一个小马尾，戴着的墨镜镜片颜色很深，完全看不见眼睛。他一路走到录音棚，同时不忘调皮地和他的保镖“切磋武艺”。我们握手之后进了录音棚，我手里拿着他的新专辑，我知道他此行的目的是来宣传新专辑。坐下来，打开话筒，我问他的第一个问题就是：“你演过很多动作片，你在演戏方面很拼，甚至不用替身，喜欢真打，那你告诉我，你打得过刚才那个保镖吗？”

说实话，戴着墨镜的谢霆锋还是给人一种很强的距离感。这个问题问完后，他忍不住笑了，连连摇头。这是一个很好的开局，后来我们的采访也非常顺利。所以，抓住每一个细节，了解艺人的喜好，让他们放下架子才会让采访听起来精彩，才有可能聊出精彩的内容。

另外，艺人其实也是普通人，他们来接受采访就是工作。作为主持人，千万不能有粉丝心态，不然做出来的节目倾向性会太明显。我后来发现，开话筒前和艺人聊的内容往往更精彩。所以，之后我就想办法先开始录音，和艺人在录音之前的沟通、聊天等很放松的内容比端坐在话筒前录的往往有意思多了。

刚才说了要留意细节，我曾经看到过非常疲惫的陈奕迅。他来做我的节目时，已经是当天的第六档通告了。那天恰巧是3月21日，世界睡眠日。我一见面就对他说："世界睡眠日，我们速战速决，早一点放你回家睡觉。"他伸了个懒腰，开心地答应了。

当天，看到跟他合影的一刹那，我笑喷了。我看着镜头，而他则搞怪似的斜眼看我。

而采访范晓萱的那次，她的妈妈陪在身边，一天没吃饭的范晓萱很有礼貌地让我等她吃完一个汉堡。我笑着说："需要搭配美式还是拿铁请吩咐，我十分钟内就可以端上来。"范晓萱表示了感谢，我顺便和DD姐打了个招呼，能够叫出范晓萱妈妈的名字，说明还是很懂她的人。尽管我超级喜欢范晓萱，但是那一次，我抑制住了小粉丝的心态。

很幸运，我至今没有碰到过被艺人刁难的情况。有一些经纪人会提前问你要提纲，然后明确告诉你什么事情可以问，什么事情不能问。如果你想聊的内容有价值，就要想方设法打开艺人的话匣子。多数艺人还是很有素养的，至少在媒体面前，他们会保持很好的公众形象。当然也有不守时、迟到很久的艺人，到了直接跟你说就聊五分钟的。这类艺人，我们也会在播节目的时候直言不讳。

私底下怎么聊天，也非常体现一个主持人的底蕴。用你擅长的方式去聊天，比如和喜欢在微博晒孩子的歌手聊育儿经，和喜欢做美食的艺人聊食材等，这些都需要自己前期做足功课。

最近一次，我在舞台上采访创作型歌手周治平，彩排时的一个提问让他很尴尬。考虑再三，我在上台后临时更换了问题。因为我有十足的把握，才敢这么问："你和童安格是多年的好友，你们之前的演唱会一票难求，会不会来上海开？"他的回答让我们收获了很多意外。

周治平说："童安格在台北的郊县买了一块地，现在过着隐居的生活，恐怕很难再出来唱歌了。"我们等了很久的童安格的消息，在那一刻水落石出。

做一个细心、敏感的人，这会在你需要的时候帮到你。提问的点一定要小，“你的理想是什么？”“你未来的计划有哪些？”在我看来都是很糟糕的问题，即使对方回答了，大多也应该是有口无心。

7. 最没架子的巨星

细数自己采访过的明星艺人，有不下五十人，在之前的采访技巧那一篇里我也写过，艺人包括艺人的团队，性格都大不相同。有的非常好沟通，团队极其配合，有的拼命摆架子，主持人颇有怨言。而在那么多艺人当中，社会地位高，为人谦逊，个人素养还高的艺人，在我的榜单中，排在第一位的当属周华健。

我一直觉得自己很幸运，一入台就能做一档早高峰的黄金节目，这是一个非常锻炼人的平台，我也会有比别人更大的成长空间。因为这档节目，我才有机会采访那么多艺人，频率最高的时候我一周能采访两到三位。跟周华健虽然只见过短短一面，但这一面让我印象深刻，他也成功跃升到我心目中有好感艺人的NO.1。

那次采访很有戏剧性。接到通知的时候，我竟然还在被窝里。由于当时联系人的疏忽，他彻底忘记了要采访周华健这件大事，直到周华健到了采访地，发现采访他的主持人竟还没到。于是当时的负责人心急火燎地给我打电话，问了我两个问题：第一，多久可以赶到采访地；第二，有没有采访机。

我家离目的地至少有半个小时的车程，前提是不堵车，采访机我身边倒是有一个，但很长时间没用过了。我二话没说，穿上衣服就冲出家门。好在我的驾驶技术过硬，一路突围，我终于在承诺的时间里到达了目的地。那是一家位于市中心的五星级酒店。我记得那是圣诞前夕，整个酒店被装饰得很有节日气氛。我承认冲进去的时候应该没有顾及太多自己的仪态。在我看到周华健的第一眼，他就从座位上礼貌地站了起来。

“华健哥，你好，很抱歉我迟到了那么久。”

我伸出手，主动跟周华健握手。他伸出手，握得比较紧且用力。

说一句题外话，我觉得握手礼仪常常会被很多人忽略，周华健显然是很有教养且有风度的艺人，跟我这个素人握手时他丝毫不敷衍。至少在我看来，握手礼仪也很能看出一个人的素养。

在我们彼此问候完之后，令我惊讶的一幕出现了。周华健主动为我开了一瓶矿泉水，并拿来一个杯子，帮我倒水。

“不着急啊，你先喝一点水，休息一下。”

我的天，这是我第一次享受到这种尊贵的待遇：周华健他亲自帮我倒水。即使如今入行已经超过十年了，我发誓我没有享受过第二次这样的待遇。我对周华健的好感瞬间提升，但我必须告诉自己冷静，因为我的工作还没有开始。我觉得在采访艺人的时候，自己比较大的优势就是相对客观。

我曾经采访过我一直以来的偶像，在看到艺人的那一刻，我依旧可以保持理智。带着这份理智，我开始了自己的采访工作。我拿出那个尘封已久的采访机，放在华健哥的面前。很多年前，采访机还是很机械的，与小型的录音机一样，需要用磁带来录制。而且很多磁带是反复使用的，常常会出现掉粉、走音等现象。而且，最可怕的是，你以为你已经开始录了，结果回到台里却发现，一句话都没录进去。真的有同事曾经遇到过这种情况，并且在科技如此发达的今天，这种业界噩梦还时常发生。有些事情可以重来，但艺人不会给你第二次机会。所以，每次我们采访的时候都会格外小心，像得了强迫症一样时不时看机器，确定红色记录灯亮着，同时磁带在走。

那天采访华健哥时，我的强迫症又犯了。因为对我来说周华健是非常重要的采访对象，我很认真地再三检查，相当确定且肯定声音真的都录进去了。可是，在刚刚给自己吃了颗定心丸，几乎还没有完全咽下去的时候，意外发生了。在周华健对着我极度放松，甚至放声大笑时，我突然听到很响的一声“嗒”。可能是因为这个声音来得太突兀，所以我觉得它异常响亮。到底发生了什么？我万般惶恐地寻找声音的来源，而此时，最不想发生的事情发生了。我的采访机因为没电而被迫停止了，那个“嗒”就是磁带停止的声音。

这是多么尴尬的一件事情。我先是迟到，让艺人等了这么久，终于当大家都进入状态开始工作，聊得正欢时，机器却出故障了。这些都显得我相当不专业。我平时是一个特别淡定的人，而在那一刹那，我真的不知道该如何继续保持我的优雅和得体。周华健很显然看出了我的不安，巨星的光芒在于，他的双商真的非常高。他又一次给我递水，指着我的采访机：“它多大年纪了啊？看起来比我老啊，我都还开得动演唱会，它怎么已经要罢工了？”

我是真的佩服周华健的情商，一句玩笑就瞬间化解尴尬。我一边说抱歉，一边完全不知道下一步要怎么办。

一，我不可能请周华健回台里录音；二，我一时半会儿找谁将采访机送过来？

我还没来得及开口，周华健就叫来了服务员：“请问下，这个电视机有没有遥控器？”周华健指着远处一台挂在墙上的电视机。

服务员点头，并送来一个积着点灰的遥控器。接着，周华健很娴熟地把遥控器里的电池拿了出来，换到我的采访机里。

“都是五号电池哦，这下应该可以了。”

周华健一边说，一边把采访机递给我，并示意我们继续。

我相信这件事周华健已经完全记不起来了，我也几乎没可能跟他再一次相见。如果可以，我想跟他好好拍张照。因为那天的尴尬事件，导致在最后合影环节，我都没好意思离他很近。我从来没有想过，一个大明星可以暖成那个样子，智商高，情商更高，对我这个素人不仅没有一丁点架子，还热心解我燃眉之急。

这件事我会记一辈子，也让我对周华健刮目相看。每次播周华健的作品时，我都会忍不住夸他几句。

8. 婚礼主持，做好特别难

我应该从来都没有在公开场合说过，我早期是一个几乎每个周末都有婚礼要主持的婚礼司仪。应该是在读高二那年，一次非常偶然的机会，一个曾经请我主持过商业活动的朋友让我去主持一场婚礼。我最初是抗拒的，婚礼毕竟是新人人生的一桩大事，而我当时只是一个高中生，面对这样的舞台，显然有一点驾驭不了。

后来，我选择性地和新人沟通了一下，结果非常顺畅，当然我没有告诉对方自己真实的年龄。于是，从小胆大的我，接了人生中主持的第一场婚礼。

我记得很清楚，当时自己手上还拿着稿子，那时候没有司仪台，司仪也没有团队，婚礼也没有那么复杂的流程。我之前看过很多次爸爸主持婚礼的场景，便从模仿开始，并加入了一些自己的元素，没想到人生的第一场婚礼主持完，婚庆公司的老板娘就留了我的电话。而我也正式开启了自己的婚礼司仪生涯。

在我的学生时代，我几乎每个星期都能主持一到两场婚礼，因为价优质高，所以我的档期非常难预定。从高二一直到我大学毕业，我已经记不清给多少对新人主持过婚礼了。直到前不久，有位我曾经主持过他婚礼的新郎在微博上找到我，我才推算出自己当年为他主持婚礼的时候还不到 20 岁。

对方很惊讶，也哭笑不得，说他当年完全没察觉出。以前外出干活时，我希望自己看起来成熟一点。那时候自己穿什么都很美，也不用专业化妆师。那个回不去的 20 岁让此刻的我百般羡慕。

慢慢的，找我做婚礼司仪的新人越来越多，在那个婚庆总费用也就几千的年代，我的主持费用从 500 元涨到了 800 元。现在觉得挺低，可对于一个学生来说，那简直太富有了。后来我学了车，跟男朋友凑钱买了辆二手吉普车，从此郊县的婚礼我也开始接了。坦白讲，当时纯粹为了赚点零用钱，每次上台的内容都很模式化。再看看自己过去的着装，也不讲究，妆面也很丑，一直到我入职以后，我才深刻地感受到，要对自己有更高的要求。

工作以后，我几乎没有主持过婚礼，推不掉的婚礼主持邀约大多是来自我的直系亲属或者关系特别好的朋友。再一次回到婚礼舞台，我感觉一切和过去大不相同，华丽的布景、专业的团队，一场婚礼的花费比当年翻了不下十倍。如今的司仪有一整个团队，除了主持人以外，还有播放音乐的 DJ、婚礼的督导等。我们过去没有复杂的流程，拿起话筒就能讲话，婚礼音乐也就那几首，酒店的工作人员帮你试一下话筒就搞定了。而如今，举办一场婚礼光是在婚庆上的花费就少则几万，多则上百万。大家越来越看重婚礼当天的仪式，所以司仪显得尤为重要。

我做过很多其他活动的主持，有一些令自己特别满意和印象深刻的。可是，在婚礼主持上，我却说不出一场我特别满意的婚礼。我想这就是婚礼主持难的地方，婚礼主持没有太多给司仪发挥的空间，却有可能因为补救不及时而大大扣分，比如香槟塔倒了、新娘摔跤了、小孩把蛋糕撞烂了等。

在这个只能说吉利话的场合，作为司仪的你有义务去圆好场。刚刚做司仪的时候，我不到 20 岁，人生经历极其不丰富，我甚至不知道为什么可以叫“三拜”却不可以说“三鞠躬”，难道不是一样的动作吗？中国文化的博大精深，真的说每一个字都要格外小心。

我觉得一个好的婚礼主持人，最基本的应该是不说套话、水话，上来就从一说到十的那种，我觉得特别扫兴。其次，他应该能够很好地拿捏现场的气氛，时而庄严，时而温馨，时而感动，时而疯狂。每个人对婚礼的定义都不一样，但我觉得渲染气氛是非常重要的，中国人都比较被动，一个好的司仪可以带领观众“进入”婚礼，所以我认为一场婚礼能否成功，司仪至少有一半的功劳。

最后，司仪一定是一个细腻、敏感的人，通过和新人的交流，他应该能揣摩出新人在结婚当天的心情。他在每场婚礼上的词都应该是新鲜的、独一无二的。这就是我认为婚礼司仪难做的地方，你和新人可能只碰过一两次面，但在婚礼现场要感觉好像你们认识了很久一样。

现如今，我还做了一档婚礼类的广播节目，因此接触了大量的婚礼人。尽管如此，我还是没有足够的冲动再做一回“老本行”——婚礼司仪。最近一次为同事主持婚礼，我和新人同时落泪，我突然觉得这是一种能力。一旦我觉得这种能力越来越强，那我就有可能再度开启我的婚礼司仪生涯了。

9. 自他以后，我不再追星

很多人问：你们的工作就是听歌，那下班后还听歌吗？答案是会。

又有人问：每天播放那么多歌曲，你对歌手和歌曲有个人偏好吗？答案依然是肯定的。还有人问：你们经常和艺人接触，对艺人还有好奇心吗？还会追星吗？我个人的答案是：不会！

但其实，再早个十五年，你来问我追不追星？那我可以报出我很多偶像的名字，比如范晓萱、李玟、张信哲等。可有一个偶像很特殊，在他生前我并没有过多留意他，反而是他纵身一跃之后，我开始不能自拔地爱上了他，他就是张国荣。

我不敢说自己是资深的荣迷，作为专业的DJ，我对张国荣的一切也只能算知道点皮毛而已。很多人觉得粤语歌是属于70后的，的确，在20世纪90年代最先接触流行音乐的时候，我并不接受粤语歌。也许是听不懂，也许是受周围同学的喜好影响，在很长一段时间里，我屏蔽掉了粤语歌曲。

2003年4月1日及以后的很长一段日子里，张国荣的名字和作品反复出现在电台、电视上。起初被动接受讯息的我，逐渐发现他独一无二的迷人之处。于是，我开始听他的歌曲，从最脍炙人口的作品，到舞曲、电影歌曲，再到小众作品。他是唯一一个穿高跟鞋不令我反感的男艺人，大胆前卫的着装、超前的舞台效果、性感撩人的舞蹈，他为舞台而生，为荧幕而生。

算业务学习吧，也算是自己的私心。很长一段时间里，我恶补了张国荣的电影和各种演唱会。他天赋异禀，即使再低调内敛也会在舞台上闪着耀眼的光芒。当一个成熟的电台DJ因为一个艺人而开始变得痴迷起来，我知道我的理性已经战胜不了感性了。所以我告诉自己，这是我第一次追星，也是最后一次。

我的听众里有很大一波粤语歌迷，他们对粤语歌的痴迷程度超出了我的想象。在偶然的机会里，我接触到了谭咏麟歌迷会的会长，他是我们节目的忠实听众。如果没有记错的话，我们的第一次见面是在草蜢的见面活动上。他人很瘦，瘦到面部都有一些凹陷，但是做起事来精力特别旺盛。

那天，带草蜢来的经纪人叫陈淑芬，歌迷们亲切地叫她陈太。陈太在粤语歌迷心目中的地位相当高，她是香港的金牌经纪人，曾经做过张国荣、张学友、梅艳芳、陈百强、罗文、张智霖等众多大牌艺人的经纪人。而这次她带着草蜢来上海宣传演唱会，几乎所有的艺人都对她非常尊重。当我得知主持人可以和陈太单独见面的时候，起初并没太当回事。可当我的搭档张明，这位非常资深且有相当丰富采访经验的主持人也开始有些紧张的时候，我才意识到对方可能是位大人物。

那天，当陈太走进活动现场的时候，发现一大波歌迷在用粤语跟她打招呼，她也相当激动。组织歌迷活动的水准不亚于任何一个电台节目组，他们的热情、执着以及高素质，让我非常钦佩。

忽然有一天，我发现谭咏麟歌迷会的会长在发文悼念张国荣，我当时还很意外，他回我："其实哥哥和谭咏麟本身没矛盾，是当时的歌迷把矛盾激化了。既然哥哥已经走了，为什么还要结怨呢？"原来生活中，谭咏麟歌迷会会长和张国荣歌迷会会长是好朋友。

之后，我也很快加入到了荣迷组织里。

我深知自己对张国荣的了解远不如其他歌迷，所以我始终抱着学习的态度参与到每一次荣迷的聚会中。直到有一年的４月１日，我去参加一个摄影展，那里展出的都是张国荣和一位女士的合影。这位女士是张国荣生前的好友，歌迷亲切地叫她安妮姐。

看照片，张国荣跟她非常亲密，甚至叫她一声姐。她跟张国荣的关系到底好到什么程度呢？张国荣去阿根廷拍《阿飞正传》的时候，让安妮陪他一起去；拍《霸王别姬》的时候，安妮也一直在剧组里待着。这种亲密的姐弟关系，是不是让人很是羡慕？所以我很珍惜每一次和安妮姐聊天的机会，想多听听张国荣的故事。

大家都知道张国荣很喜欢文华东方酒店，安妮姐和张国荣经常在香港的各大酒店喝下午茶，除了文华东方，没记错的话，还有凯悦。安妮姐回忆最后一次看到张国荣的时候，哥哥的状态非常好。张国荣非常在意自己的外形，而那天哥哥很雀跃地告诉安妮：他之前的脱发困扰得到了解决，新的头发慢慢长出来了。特别值得一提的是，张国荣的导演梦马上要实现了。总之，安妮说那次见面，哥哥的脸上洋溢着久违的笑容与成就感。谁能想到，那竟然成了他们最后一次见面。直到现在，安妮姐都不理解哥哥为什么要离开。

我认识的另一位荣迷是上海的一个音乐人，名叫张志林。他跟我讲过一个他和张国荣的故事。

那是2003年年初，在一次饭局上，他竟然遇到了张国荣。他的座位和张国荣的座位中间只隔了一个人，那个人就是唐鹤德。席间，唐鹤德去了次洗手间，那几分钟的时间是他人生的高光时刻。哥哥的声音已经很沙哑了，抽着烟，但极为优雅，不经意间还给他夹了菜。张志林做梦也想不到，自己的人生中会有这么难忘的一幕。

张志林很清楚地记得，2000年张国荣到上海开演唱会，他拿出自己的积蓄买了两天的演出门票。上海的雨很大，他全身几乎都被淋湿，可仍再三告诉自己一定要把门票保护好。当时，张志林还是个驻唱歌手，所以，他不得不提早离席，虽有遗憾但已相当知足。那个饭局结束后，所有人跟张国荣一起去唱歌，还分别合了影，合影完大家还立马去店里打印照片，让张国荣在照片上签名。

2003年的4月，张国荣永远离开了我们，这有可能是张志林一生的遗憾。

而对我而言，自己曾采访过那么多艺人，却来不及也没有机会采访自己的偶像，甚至连见一面的机会都没有，也很是遗憾。

10. 多面手养成记

我演过话剧。

我是属于那种一有任务就会满口答应、不知怎么去拒绝的人，这也是为什么我会一再尝试那么多领域的原因。演话剧也缘于一个偶然的契机，入行不到三年，领导派我去出演一部话剧的女二号，演的就是一个主持人。从来没有接受过专业表演培训的我，显得有些措手不及，拿到台本时离正式演出还有不到一个礼拜的时间。

而看完台本后，我觉得压力很大，我一个人的台词足有十几页，尽管我背词快，但这不是单单靠背就能应付的，还有舞台走位、表情、动作等很多要求。

那些日子，我每天早晨直播完要驱车来回150公里，每日排练时间长达十个小时。虽然很苦，但我努力坚持，因为这是一个我从未涉足的领域。原本我接触话剧的机会并不多，只看过几场话剧，感觉正剧都会比较沉闷难懂。好在我演的是一台喜剧，浅显易懂，对“演”的要求不高，我只要本色出演基本就可以满足导演的要求了。只是台词功底太重要了，宽敞的剧院没有扩声设备，你的声音要传到最后一排，需要很高的技巧。对所有话剧演员来讲，最难的就是话剧舞台上没有撤回重来的机会，你说错了那就是真的错了。

一连十二场演出，场场爆满，第一次出演话剧，还好我没出差错。当圆满完成任务后，人就会上瘾。我一直期待着会有第二场话剧找我出演，只可惜近七年都没有人邀约。

从电台主持到电视主持，从出演话剧到广告配音，从网络主播到舞台主持，每一次新的尝试都会让我觉得无比兴奋，勇于尝新的性格成就了今天多面的我。从业第九年，除了平时抛头露面的各种主持和演出外，我又接到了一项新的挑战——教学。

尽管我是从师范类大学毕业，也拿着教师资格证，但毕竟授课是需要备课的，是需要教材和参考依据的。但倔强的我第一时间答应下了邀约，于是顺理成章地收了自己人生中的第一个学生。

既然是来学习的，我首先要知道学生的学习目的是什么？通过与孩子的家长聊天，我得知这个孩子在跳国标舞上有着惊人的天赋。由于父母都是浙江人，不能说标准的普通话，可是语言组织能力及语音语貌于孩子未来的社交来说太重要了。除了跳舞以外，我希望孩子在主持方面也能崭露头角。

但其实，教一个十岁的孩子主持显然有很大的难度。首先，她的词汇量不够，她尚在知识储备期，很多词句无法理解和掌握；其次，专业院校培养的主持人目前最大的问题就是专业知识储备不够，财经节目的主持人要懂财经知识，体育节目的主持人要会解说赛事，音乐节目主持人至少要对流行音乐非常精通。而这些专业知识的学习和普及，几乎都要在上岗以后慢慢积累。但如果你在毕业之前就已经有了专业知识，那对你的就业将会有很大的帮助。而对一个十岁的孩子来说，我没有办法从专业的角度去引导。所以，我的教学目标只能是加强她的语言组织能力，纠正日常语言习惯里的错误字音，拓展孩子跳跃性思维的能力。

在那之后不久，我又接到了另一个教学邀请，给一批 90 后的年轻教师们培训语言。从一个孩子到一群老师，从一对一的小课，到一对几十人的大课，有一些基本教学是相通的，比如字音的纠正、变声、儿化、轻声等的掌握。而多数内容都是有差异的，归根到底还是要知道他们的学习目的。大部分语文老师语感已经相当好了，但如何科学用嗓，成了他们的难题。

每次上课除了教学以外，我也会分享一些自己的经验和朗读、配音作品，与老师们互动。一个学期的教学结束之后，我为他们排了两场诗朗诵表演。很多老师在舞台上更自信了，语音语貌也有了大的进步。

在尝试不同领域的过程中，我基本都是抱着边学边做的心态。既然选择了开始，就要给自己争气。而到了眼下这个年纪，我开始真正感受到工作给我带来的成就感和快乐。

辑五

弹 指 十 年， 初 心 不 变

1. 与自己对话

每到一年秋季，风中吹来混合着糖炒栗子的桂花香气，此时我的内心总会觉得空落落的。

我是一个矛盾体，既害怕一个人的时光，又无比享受一个人的时光。小学的时候，住在十八层的高楼里，我能从家里的阳台大概看到远处的上海火车站。我喜欢夜里密集的霓虹灯，喜欢夜晚趴在阳台看着远处的灯光，想象着自己长大以后，可以穿着华服去那里。童年缺乏安全感的我，太喜欢不夜城的繁华与喧闹了。

而现在看来，我觉得和自己独处的时光是那么珍贵而有趣。会开车以后，我一个人待在车里的时间往往很长。听到喜欢的歌，我会把音量调到很大；听到感动的歌，我会在车里边唱边流泪不止。一个人开车的时候，人很放松，特别是夜晚，我会在车里问自己很多问题。

首先说一点题外话，我是个非常喜欢开车的人，驾龄有 14 年。不会开车之前，从 7 岁到 20 岁，我天天坐公交车。我坐的最久的一辆公交车，是从上海的闸北途径虹口最后开到杨浦的 79 路公交车。我从小学一年级开始，一直挤公交，直到高中毕业。记得那时，公交车上很拥挤，每次开车前都需要有人用力推一下最后一名乘客的背部，车门才能够顺利关上。那个年代还有掉头车、区间车、大站车，夜晚甚至有通宵车。人们出行全靠挤公交，而我这个刚刚上小学、身高不到 1.2 米的孩子，也加入了挤车大军。我曾经穿着妈妈给我买的兔毛大衣，从公交车上被人挤了下来，并一屁股坐在了树边的泥潭里。我当时发誓，长大了一定要会骑自行车，不再自己挤公交车，可直到现在，我都还不会骑自行车。

上海的公交车也有特别空的时候，比如工作日的中午。如果哪天下午不用上课，我就可以享受上车后座位随便挑的待遇。我最喜欢坐在“香蕉位”之后，即左边第一个靠窗的座位。我看着大街上的行人，偶尔将头靠着冰凉的玻璃窗。冬天的闸北区看起来略萧条，没有树叶的梧桐树在路边驻立着，几公里的街道上没有一家店。而在夏天的午后，我喜欢看车窗外那些穿着精致、打着花伞的上海女人，她们将的确凉、泡泡纱穿得特别美。

上海的黄梅雨季潮湿而闷热，别人放假都会特别开心，而我的暑假有很长一段时间都要和自己独处。无论坐公交车还是自己开车，童年里缺失的部分，让我十分珍惜当下和自己谈心的时光。

我是一个不太会出汗的人，即使运动的时候也不太会出汗。运动能力很弱的我，最喜欢的项目就是游泳。还没学会游泳的日子里，我格外喜欢泡在水里，身材还不错的那些年买了不少游泳衣。和老公同去游泳，他选择去了循环的深水泳道，而我则一个人在浅水区扑腾，居然通过自学，学会了蛙泳。不知道跟我学过舞蹈有没有关系，居然有游泳教练称赞我游得还不错，从此我游泳的热情更高涨了。

办了几年瑜伽馆的健身卡，我一节瑜伽课都没上过，全部交给了泳池。无论季节怎么变化，气温如何起伏，一周三次，我很是坚持。我不喜欢结伴去游泳，因为锻炼的时候就没法聊天。而我洗澡、穿衣的速度极快，通常跟女友一起去健身的结果是，我要花比独自健身多一倍的时间去等待对方。一般人在水里，必须保证半个小时的运动量。它不像其他竞技型的运动，有对抗性，有趣味性，所以，游泳注定是孤独的。当我整个人浸没在水里之后，我就开始和自己“对话”。水温比体温低，所以我觉得在水里的时光，自己好像特别冷静。

平日高强度的工作，使得我不仅压力大而且脑子根本停不下来，经常觉得自己处在生病的边缘。有人说“生活是散步，不是赶路”，而我却很享受每天被工作填充的感觉。当瘫软在床上的那一刻，我也会问自己能否有片刻的停歇。我一直觉得一天 24 个小时根本不够用，“停”对我来说是莫大的奢侈。所以怎么调整自己，怎么让自己排遣压力，让自己更好地前进，这个太重要了。

我认识很多成功人士，他们比我忙多了，我再忙工作空间也只是在上海，而他们则是要满世界跑，需要不停倒时差。与他们交流的过程中，我发现成功的人有几条相同的特征；一，自律；二，早起；三，健身。当你有足够的能力去约束好自己以后，才有能力和资本指挥他人。倘若时间真的不够用，那就逼着自己养成早起的习惯。同时，要想适应高压的工作状态，你还必须要有极佳的身体素质和健康的体魄。

所以说，健身具备了解压和强身健体两个功能。而你能否坚持下去，则成了其中的关键。我的很多同事，把每天去健身房当成如吃饭一样的硬指标。而我则是一有时间，就往水里钻。

在水里，整个世界都安静了，有一种无与伦比的静谧之美。这时候，所有负能量好像都会被慢慢排开，即使最近有些浮躁、有些压抑。配合着均匀的呼吸，大脑也进入了一种平和的状态。在水里，我可以很客观地去思考问题。同时，我很享受那个瞬间，那个我和自己聊天的过程。

生活里的我极度感性，这可能是因为工作的需要，也可能是性格使然吧。而生活里有很多决定，其实需要更理性地去抉择。每当犹豫不决的时候，我就会去游泳池。那是一个能给我无限灵感以及满满正能量的奇妙之地。

我和自己的对话，都藏在心里。我知道自己有家能回，知道自己有人疼爱，而即使是一个人旅行、一个人吃饭、一个人看演唱会，我也不会觉得孤单。你有没有数过，每天从睁开眼到合上眼，自己会和多少人打交道？家人、同事、听众、客户、快递员、外卖小哥、营业员、服务员、司机、阿姨，我算了下，自己一天至少会和 20 个人产生关联。我是个很喜欢热闹的人，但偶尔也想要片刻的宁静。所以，我格外珍惜自己与自己对话的时光。

2. 坚持十年早起

前面我曾说过，做学生的时候，我最渴望的就是能找一份自由且自己热爱的工作。所谓的自由，第一条就是能睡到自然醒。当年读师范大学时，实习期间很多学校表示愿意留我，可想想每天那么早就要起床，我就退缩了。

记得读书的时候，我经常去广播电台，从北京东路到虹桥路。特别是暑假，妈妈几乎天天带我去上班。妈妈当年是新闻编辑室的打字员，之前三班倒，生完我之后，做常日班。每天早上，我跟妈妈挤着没有空调的公交车，从闸北到外滩。但一进那栋楼，就是一阵清凉。尽管外滩的老建筑有时给人一种压抑感，可在全民都还不舍得开空调的年代，跟妈妈一起去上班真的是一件很经济的事情。

中午去食堂吃饭，下午睡个午觉，起来再吃个冰激凌，接着去挤晚高峰的公交，在每一个燥热的日子里，只要一走进北京东路 2 号的门，我就仿佛进入了爱丽丝的仙境。

从北京东路 2 号的音乐办公室可以看到黄浦江，那边应该是有一个阳台，但具体的我已经记不太清了。那个房间里总是充满了笑声和音乐，有位白发苍苍却气质儒雅的老伯伯看到我去，总会给我吃一些很高档的零食。吃完午饭，我会在那里唱歌、跳舞，总会引来不少叔叔阿姨们的围观。

直到后来我才知道，这些人都是中国流行音乐节目的“大咖”。他们是中国流行音乐广播的鼻祖，培养了很多流行音乐节目的主持人，开创了无数响当当的音乐广播节目。

那时候的主持人尽管很忙碌，但你会发现每一个人都真心感到快乐。他们热爱工作，享受在一起讨论音乐的乐趣。而我最羡慕的，是那些中午来办公室的主持人。冬天的时候，他们走进办公室时，工作区已经洒满了阳光，夏天的时候又有空调。后来，我爸爸也做了很久的午间节目，我还陪他一起上直播，做他的电话编辑。爸爸平时工作强度很大，晚上应酬也多，在我的记忆里，他是一个很喜欢睡懒觉的人，有时候甚至可以睡到早晨十点。可是晚上他却常常熬夜。总之，当时我觉得，每天直播一个小时，能自由支配自己的工作时间，能够睡到自然醒，这就是我梦寐以求的工作状态。

2007 年正式进入广播电台后，我怎么都没想到，自己会主持早高峰的节目。当时，作为全频率的新人，我也算顺风顺水地做了全频率的重点节目。尽管跟我想象中的理想工作状态完全不一样，但作为新人有这么好的机会，我怎么可能放弃？

刚入职时，我住在娘家，离广播大厦的距离只有 1.8 公里，每天能睡到六点左右再起来。没多久我结婚了，住在离电台 10 公里远的地方，每天起床的时间变成了五点半。十年前开车出门，路上通畅，几乎看不到车。十年后，六点半的上海很多地方已经出现了拥堵状况。花费在路上的时间我基本可以控制，从五分钟到后来的二十分钟，偶尔也会遇到爆胎、撞车等各种事故，此时我会选择就近弃车，再打车前往。总之，保证不迟到，安全播出是重中之重。我没有迟到过一次，我是幸运的，但过程也是艰辛的。

刚做早班节目那年，我才 20 出头，没有年轻人不喜欢睡懒觉和夜生活的。我们有些同事，可以整晚不睡觉，直接来直播，而我觉得对自己来说，这很不负责。所以，从开始上早班的那天起，我就拒绝了所有的夜生活。吃夜宵、唱歌、泡吧、打牌，凡是超过晚上十点的活动我都一律拒绝。即便是看演唱会或者话剧，我都会在 22 点前返回家中，保证自己 23 点前必须入睡。如果能睡到五点半起床，那也只有六个半小时。我所有的朋友都知道我的生物钟，于是，很多经常在半夜活动的朋友跟我慢慢疏远了。

其实，如果真能早睡早起，我倒也觉得健康。可是早到什么程度，这真的很讲究。夏天的时候，天五点就亮了，我起床很快，穿起衣服来也简单省事。可是大冬天就特别煎熬，我是一个特别怕冷的人，冬天里我的大腿两侧和屁股除了洗完澡后的半小时里是热的，其他时间几乎都是冰凉的。冬天起床本来就需要极大的勇气，拉开窗帘，对面楼里的灯没有一盏是亮着的，这更让人想偷懒。我会立马穿上舒服的棉睡袍，小跑进厕所，一鼓作气地洗个热水澡，这样才不至于太难受。一路开车去台里，我还需要打开车灯，坐进直播室时，外面天还没亮。

每年的 11 月到次年的 2 月，是我一年中最崩溃的日子。所以，我多数都会选这个时间段休假。我最佩服自己的一点，是在怀孕的日子里还坚守岗位，一直坚持到了 1 月中旬。

冬天的时候，我最羡慕那些中午以后来上班的同事，至少可以比我们少穿一件衣服。我每天恨不得把羽绒被披着就来上班，根本没时间“收拾”自己。在早上紧张的时间里，我一般都需要把第二天的衣服提前准备好，那些伸个懒腰、看看窗外天气，酝酿下心情再来选衣服的场景，是我 18 岁时梦想的清晨场景。很长一段日子，我连涂面霜这件事都想省掉，直到有三个不认识的化妆师提醒我，需要好好防晒了。于是，早晨起来我往往需要多留十分钟伺候一下自己的脸。但在做早班节目的日子里，我绝对不化妆，就这样面对每一位同事。好在很少有同事化大浓妆，我们广播电台的主持人们都习惯了面对一张张妆面淡雅的脸。

都说一天之中早餐是最重要的，可是，我的早餐是十年如一日的小米粥。有时一点食欲都没有，我还是会逼自己吃一点，因为你可能想象不出，早间两个小时的节目能让你的能量消耗一空。我尝试过吃一笼小笼包和一个蛋饼后上直播，但下了直播后依旧是肚子不停地叫。

早班节目是一个极佳平台，它让你比其他主持人有更高的知名度。但你需要付出的代价也是巨大的，常年缺觉，让当年还不到30岁的我就有了不少白头发。我的睡眠很浅，每年都会不定期地梦到自己上班迟到了，没有整觉，每晚必醒，吃了褪黑素也一样。而且，我的脑电波一直很活跃，梦不断，有时梦连在一起就像一出连续剧。

曾几何时，我想放弃，我羡慕极了那些能睡到自然醒的主持人。睡眠质量差、压力大、过分操心，使我的白发急剧增多，我还动不动就感冒，时不时淋巴肿大，一个月偏头痛几次。我想过放弃吗？说实话，几年前想过。可是目前的我，越发能感受到自己责任的重大。我从不怂，我的性格也很“江湖”，我对自己说：“杨永清，你必须给我撑下去。”既然做了，我就会力求做到最好。我也很感谢那些默默支持我 12 年的听众，没有他们，我也撑不到今天。有些人，把工作和生活分得很开，而我对工作的热爱远远超过了家庭和生活。很多人可能会觉得我傻，但我也会用实际行动来证明，我的一切牺牲都是值得的。

3. 旅行策划师

对于旅行这件事，我一直希望自己“每个周五的晚上都能够出现在另一个城市”。显然，“每个”口气大了点，事实证明，在频率比较高的时期，也只是每两周我会带着家人去一次外地。

周一到周五，我的工作强度很高，除了需要耗费很多精力以外，最关键是还要消耗不少脑力。负责常规直播、各种会议、社会活动，以及照顾孩子、老人，我总有操不完的心。我一直觉得，从早上睁开眼开始，我的脑子就在不停地转，直到上床睡觉。而在脑电波极度活跃的日子里，我在晚上做梦时脑子运动得更快，各种惊心动魄的“大电影”上演，让我自己都佩服自己的想象力。

每个工作日，我 5 点 40 分起床，就是为了能够迎来一个完整的两天三夜休息日。趁着女儿没有上学，我把自己的时间用足用满。我们不像外企，有那么多令人羡慕的假期，所以，我会利用好每一次假日，至少提前一个月订机票、酒店，我也能有足够时间来规划旅程。从上海出发，能去的地方很多，如果能再拼凑出几天假期的话，那选择的余地就更大了。

远的不说，就说去年，我就带着一家七口去了泰国的曼谷、华欣、普吉岛，日本的大阪、东京，以及澳大利亚的墨尔本、悉尼、凯恩斯。另外，我们去过的国内沿海城市有广州、佛山、汕头，高原则走遍了云、贵、川，江浙一带几乎每两周去一次。

说真的，带着平均年龄超过 60 岁的四位老人，偶尔会有一位 80 岁高龄的老外公出行，的确需要更大的责任心和耐心。跟年轻人在一起旅游，我们可以彼此分担，你订酒店，我订机票，你做旅游攻略，我找美食地图。而我们家庭旅游，所有一切的操办，都只有一个人，那就是我来负责。

别人睡觉的时候，我在看优惠的机票，而通常便宜的机票余票很少。我们 7 个人一起出行，不知不觉中成本就高了起来。别人休息的时候，我在看酒店，我会疯狂看评论，综合所有评分去订一家酒店，有的是大床，有的要双床，有的只要单早，就这些都足够折腾人的了。订机票、酒店这些事就可以耗费我几天甚至是一周的时间。平日里工作那么忙，我只能在半夜“加班加点”了。

紧接着是租车，做景点、美食等一系列攻略，这些都需要我花大把时间去斟酌。为了让旅行不减分，我尽可能把别人的攻略看全，利弊都掌握了，出门后可以更高效、精准地游玩。可是人一多，我们会不得不浪费一部分时间在等待别人这件事上。但很庆幸的是，我们都很有时间观念。而在选择旅游景点的时候，大家的喜好多少会有点出入，但好在我们都会彼此迁就。

我是一个有点喜欢按照主观判断行事的人，有时候处事也会不冷静甚至是武断，不过几次的带队经历让大家对我万般信任。所以，每次的行程几乎都是我说了算，这也让我在策划的时候多了不少积极性。婚后，我们有了自己的小家，跟父母们在一起的时间并不多，所以在我看来，举家出游可以增进彼此的感情。双方父母毕竟是同龄人，在旅途中总有说不完的话，只是有时候我会觉得委屈了我家闺女，她应该找个同龄人陪伴，却要跟着一群老人一同游玩。

对于旅行，人多还有一个意想不到的好处，就是用餐。人多特别好点菜，而且可以把你想吃的菜肴全部点个遍。有一年春节，我们在粤菜发源地顺德就见到一对上海情侣，为了点菜而绞尽脑汁，恨不得跟我们拼一桌。并且，人一多，吃饭的成本也大大下降，你完全可以私自做主吃一顿奢华大餐，因为摊下来的人均花销差别并不会太大。

尽管我婆婆常说我和女儿是福星，有了我们旅途特别顺利，即使是正处于雨季的普吉岛也可以一滴雨都不下。当然，运气总会用完的，我们也在旅途中遇到过惊心动魄、甚至险些丧命的时刻。

2005 年春节，那时过年根本不时兴旅游。当大家还在走亲访友、串门拜年的时候，我和我父母三人外加当时还是我男朋友的老公，以及他的父亲开着一辆帕萨特从上海出发前往厦门。

当我们在第二天吃饱午饭上路时，所有人都被照进车内的阳光惹得睡意朦胧。不巧的是，车上除了开车的人，四位乘客全部睡着了。而正在开车的公公，也一不小心在车速极快的情况下睡着了。只听到一声巨响，我们一车人被惊醒，万般庆幸的是，被自己吓出一身冷汗的公公把方向盘抓得死死的，而此时高速公路上一辆车都没有。除了左边的反光镜被撞坏和留下一条跨越两扇门的划痕以外，我们所有人都没受到一丁点伤。不知道过了多久，我们才回过神来。现在只要一回想起那天的经历，我们都会不由自主地后怕。

再来说说最近发生的一个故事。我在澳大利亚的墨尔本租了一辆车，当地的小伙伴告诉我，借最便宜的就好。在租车的时候，我发现了一个很神奇的现象，一模一样的汽车，至少有 5 个价格。最夸张的时候，差价甚至达到了三倍，而其中的区别就是租车公司的不同。有些人可以在机场直接提车，有些人则需要坐租车公司的摆渡车去提车。

为了省钱，我选择了最便宜的那种，坐了近 15 分钟的摆渡车，拿到的还不是你预定的车型。我用蹩脚的英语跟对方沟通，而结果就是我降级拿了一款配置更低的车。我开着这辆不是很舒服的车驾驶了 1 000 多公里，还车的时候，不幸又发生了。由于没有留出足够的还车时间，在摆渡车接完我们再赶到机场的时候，已经接近登机入口关闭的时刻了。当地航空公司很明确地告诉我们，他们这班飞机的机票超卖了，所以最后登机的三位，将被留到下一个航班。留下的三位分别是一句英语都不会讲的我爸爸、妈妈和婆婆。我们四个人立马跑到登机口，我还要担心留下的三位该如何换登机牌和托运行李。我敢保证，这是我举家出行以来心情最糟糕的一次。

我把所有可以休息的时间拿来旅行，我唯一能放松的时刻就是在异地睡到自然醒和吃个丰盛的午餐的时候。旅行其实很累，十分消耗精力和体力，只是它把那些消耗转化成了新鲜，让你瞬间麻痹。旅行中必须有些遗憾和坎坷，才会让你记忆犹新，就如同快乐的时光都一样，而悲伤的时刻却各不相同。旅行的意义远远大于我们的想象，我很高兴能在有生之年、工作之余，尽情享受生活，带着自己心爱的人看尽最美的风景。

4. 最大挑战

在没有入行以前，我一直觉得主持人是一个特别文艺、自在的工作。每天工作两个小时，可以自由支配自己的时间，能够睡到自然醒，之后再喝个下午茶，晚上参加各种社会活动。可直到入行了，我才知道自己太天真了。

能够自由支配自己的时间是真的。十多年来，除了直播以及开会的固定时间以外，我们不用坐班。可是开会的时间就太难控制了，我曾一度非常害怕开会，特别是要讨论一个议题，或是进行“头脑风暴”，讨论新的节目内容时。另外，开会的效率真的因人而异，如果你碰到脑洞大的、敢说敢设想的，即使提出的方案被否定了，那至少这个会议是有趣的，反之，则会很痛苦。我相信绝大多数的职场人都有过这样的经历。

也是近几年，我发现主持人这个职业越来越具复合性。面对新媒体行业的冲击，广播电视业在不断整合之后，对主持人这个职业的要求也愈加严苛。主持人的工作绝对不单单是在话筒前说话，至少在我们公司内部，越来越多的主持人做起了项目负责人。这个概念相当于其他公司的项目经理，从立项开始，之后的一系列内容都需要这个主持人去过问、把关。

就拿我来说吧。入行的第十一年，我开始负责频率的早间节目。作为一个项目负责人，你要做的除了每天常态的直播以外，还有新媒体运营、大小活动组织、听众维护、节目策划，甚至是“拉广告”，事无巨细，每个环节都要亲力亲为。先说新媒体运营，内容要怎么做，标题要怎么起，阅读量好不好，每一个问题都让我揪心。别人一个公众号是有一个公司在背后运作，而且他们只需要负责每天的推送内容。而我们一个节目组看上去有五六个人，实际上负责微信的只有一个人。再说活动，每月两到三场，我从一个经常周末去旅行的人彻底变成年终无休的人。说到这，要感谢我女儿周末的课也都排满，我才不至于太内疚。活动规模从十几人到上百人不等，地点从室内到户外不定，怎么招募、怎么策划、怎么执行都靠我们节目组，你甚至可以看到主持人在那里吹气球。这点必须得夸夸我们节目组，个个能力强，且配合度极高。

说实话，我不是一个脾气很好的人，性格耿直，看到什么令我不舒服的就要直接说出来，这种性格被称为最会得罪人的性格。我也尝试着去克制，可是几乎做不到。如果我是个独立工作者，那么一点问题都没有，甚至还能占点优势。可是，我目前需要带领一个团队的所有成员，并且一心向着统一的目标努力。作为一个小领导，你的情商在很大程度上决定了你的威信。中国人讲究中庸之道，讲究以礼相待，可是我始终觉得人如果没有一点脾气显得很不真实。

我跟极个别的同事曾因为节目的事情吵过架，不过我最大的优点是说过就翻篇，对事不对人。做了妈妈之后，我的性格已经收敛了很多，我开始懂得换位思考，会先思考一下再开口。从业的第十二个年头，我始终愿意知难而上的原因有很多，其中很重要的一点，是因为我们团队的小伙伴们都特别棒。我们的想法始终可以保持高度的统一，我是团队里年纪最大的一位，最小的一位是 1994 年出生的。我们彼此的性格特别互补，有跟我一样效率极高、性子很急但脾气火爆的 85 后，也有处事特别冷静、圆滑，做事四平八稳像极了 70 后的 90 后。大家分工明确，合作默契，即使真的很累、很崩溃的时候，也会彼此鼓励对方，继续坚持下去。

作为一名女性，我唯一能做的就是在细节上关怀我的组员，做一个细腻又有温度的人。我记得改版后的第三个月，我们电话编辑过生日。我能记住办公室里几乎所有人的生日，在她过生日之前的一周时间里，我开始疯狂搜索既好看又别致的蛋糕。我们的这位电话编辑是个优秀的厨娘，所以蛋糕要能入她法眼真的不容易。我挑了几十家网店，看了上百条评论，才找到一款颜值高、口碑好的蛋糕。在我们开例行编前会的时候，我悄悄把蛋糕拿进会议室，在看到蛋糕的第一时间，她激动坏了。这些小小的惊喜串联着我们彼此的感情，甚至我们开始习惯和依赖一起吃饭、一起开会、一起进行“头脑风暴”的过程。

周而复始的工作不可怕，可怕的是你的脑子要不停地转动，好的创意要源源不断地涌现。广播节目需要不断地推陈出新，一些单元可能只做了两个月甚至更短的时间，就要面临被替换的境地。在这里，至少我们节目组的所有人都是战士，需要打起十二分精神作战。我们需要有好的体力，以及好的脑力。

在这里，你没法混日子；在这里，你不可能做完一件事后一劳永逸。

过了 30 岁，做了妈妈，许多人想回归平静，把更多的时间留给孩子和家人。而我在那一刻，却选择了截止目前人生中最大的挑战。

有了成绩，我无比欣慰，成绩一差，我就寝食难安。这也是我写这本书到三分之二后，几乎停滞了将近一年的原因。我实在是抽不出空来，回忆和写作在那个阶段对我来说太奢侈了。在那段高强度工作的日子里，我的脑电波异常活跃，导致我的偏头痛加剧，每天需要吃止疼片和褪黑素才能入睡。我去脑外科看病的时候，医生就劝我，想办法放空自己，做女人不必太拼。

而我，反倒很享受被工作填满的状态。倘若我每天都能睡到自然醒，每天都可以在咖啡馆放空自己的话，我一定会觉得不安。人生有这样一段经历，真的相当珍贵，就让我在还能奔跑的年纪肆意挥洒汗水吧。

5. 畅想十年后的自己

在一次课程培训上，我抽到了这样一个命题——“想象一下，十年后的你会干什么？”

当时我给了很多答案，比如可能去了适合养老的地方，可能做了幕后工作人员，可能去陪读了，等等。但那时站在我正对面的领导却很坚定地对我说：“不，十年后的你，还在这里，还在主持同样的节目。”

当时，我挺感动的，我觉得这是领导对我能力的一种肯定。相对于电视节目主持人，电台节目主持人的职业生涯会长一些。我们老一辈的播音员有些到了70岁还跟年轻时的嗓音一模一样。主持人和歌手一样，都是靠嗓子吃饭的。齐豫在接受我的采访时就说，她比任何人都珍惜自己的“羽毛”。保护好嗓子对歌手、主持人来说太重要了。常喝温水、烟酒不沾这些都是最起码的生活习惯。在我们主持人圈里，至少流传着十种以上治疗咽炎的方法。所以，如果能够保护好自己，并且依旧保持着与时俱进的心态，你是有可能把广播作为终身事业的。我从选择广播的第一天开始，就想陪它一起到老。可是，这个世界变化太快，更何况是媒体界。理论上，我离退休还有20多年，可是，这些年里，媒体界会发生怎样的变化，没有人可以预测。许多媒体都先后走了下坡路，有些甚至消亡，而广播行业也充满危机感。如何提升自己的眼界，如何做足准备以便随时适应转型，如何让自己更强大而不被淘汰？这些曾经在睡前我才会胡思乱想的话题，成了自己近日的工作议题。几乎所有的行业都会经历兴衰，所以，要做那个有底气并且有准备的人。

曾几何时，广播电视台是一个多么神圣的地方，成为电台主持人是多么让人羡慕的事。当然，如今进台也并不简单，但很多年轻人只是把这里当作一个跳板。以前，只有人被开除，现在竟然有人主动辞职。而我们的同事也越来越年轻化，他们的想法也更开放、更多元。

和我搭档了两年多的一个90后姑娘，忽然决定辞职去国外读书。

当我得知这个消息的时候，非常惊讶。首先，她有非常好的平台；其次，她拥有很扎实的粉丝基础。在我看来，她的职业生涯只会越来越顺利，而此时她却选择了辞职。而她看待问题的方式跟我完全不一样。首先，她觉得如果一旦结婚、生子了，自己就真的没机会再读书了；其次，她自身的知识储备不足，导致节目主持陷入了瓶颈。于是，她决定放弃现有的一切。我们在会议室聊到这里的时候，都忍不住哭了，彼此都有不舍。

这件事对我的触动也很大，我开始思考自己的人生。我时常问自己一个问题：假如自己不做主持人了，可以做什么？有人说我可以做酒店品鉴师，有人说我还可以去当老师。但是，我从来没有想过离开，即使是想到要继续面对已坚持了 12 年的痛苦的早起生涯，这也依旧没有摧毁我，依然没有消磨我的意志。

我以前觉得做广播节目最幸福的一点是，你不用抛头露面。也许有很多人听过你的声音，但却不一定见过你的人。所以下了直播，你扎进人堆里，没有人认识。生活中，你可以放松地跟菜市场阿姨讨价还价，你可以穿最舒服和最喜欢的衣服出门，你可以不画眉毛、不遮瑕，就那样去挤地铁。

随着节目组与听众的互动越来越频繁，也随着新媒体的不断发展，更多的人通过图片知道了我的模样，而之后我就经常会收到这样的微博私信：“刚才某某商场里的那个人是不是你？”“清清，你今天穿着的是白色的羽毛裙吗？”“哇，我刚才看到你了，没好意思打招呼。”我现在越来越清醒地知道，我是会被认出来的，我的一举一动都可能会被人看在眼里。

这是一种很矛盾的感受，对于增加存在感本身来说，它是件好事，我得到了更多人的关注。但如果你向往自由且生活不拘小节，你或许会觉得这太压抑了。我在微博中曾经写过这样一段话：“从去厦门的那天起，就天天有人私信我，说我被偷拍了。其实被偷拍已经不是一次两次了。在路上走着被认出来，大家完全可以大方地跟我打招呼。我这人就一点好，爽气！我从来没有拒绝过一个听众的合影要求，因为我只是个在话筒背后陪伴大家的普通人。我出门不戴口罩、不化妆、坐经济舱，不穿裙子的时候站姿和坐姿都不讲究。所以我想说，如果下次你再遇见我，又想证实这人是不是我，请直接来问我好吗？我还会立马问你要不要来张合影呢？请大家至少给我的家人一点隐私，感谢！”

有时候，我相当佩服那些艺人的心理素质。我算是一个基本没有偶像包袱的人，拍我的丑态，拍我的双下巴，拍我翻白眼都可以。我没有“玻璃心”，经常有人在网上人身攻击我、诋毁我，我基本都可以淡定地看完，且不发声。但我也有底线，你可以骂我，但不要骂我的家人。其实所有人的背后都写着“不容易”三个字，知名度越大，越容易被评头论足。很多人其实抱着一种看戏的心态，感觉他们对自己父母都没那么上心。他们天天骂你，却比谁都认真地听你的节目，我想或许这类人在生活中缺乏自信，甚至少言寡语吧。

我很同情他们，也不去与他们争执，我用张学友的歌词安慰自己——“有爱就有恨，或多或少”。

因为十二年的工作经历，我积累了非常宝贵且丰富的工作经验，这让如今的我，无论是在话筒前还是在舞台上，都可以游刃有余。因为十二年的工作经历，我拥有了大批的粉丝，我很珍惜每一次跟听众的互动，其中很多人跟我成了可以推心置腹的朋友。十多年间，我自身也发生了翻天覆地的变化，从女孩到人妻，从女儿到母亲。有些人从我生命中离去，我也认识了大量的新朋友。

年过 35 岁，又是个孩子的妈妈，也许大多数人会选择回归家庭，而我却花费比过去多几倍的时间在工作上。有些广播人做节目几十年如一日，此处不是褒义，我指的是他的节目跟几十年前听起来一模一样。那么，他终将被时代淘汰，被听众淘汰。我不是想标榜自己优秀，只是我确实愿意花更多的时间去学习和探索，让自己紧跟时代的变化。

但客观上，我也能看到自己的劣势。我已人到中年，能够明显感受到自己的体力不如当年。做早班节目绝对是个体力活，我也不知道自己可以撑到哪一天。如果有一天，做广播节目可以跨越地域，只要有网络就可以工作的话那该多好。那么，一年中你将有一半的时间可以边旅行边工作，无论在世界的哪一端，你都可以通过互联网在每天的固定时间跟听众“见面”。你的所见所闻就是你的话题，你可以放当地人最喜欢的音乐给收音机前的听众听，你依然可以和